한눈에 익히는 초·중급 일본어 한자

한눈에 익히는

초·중급

최석완 · 하야시 도모코 · 임명수 공저

日本語 한자

어문학사

머리말

 그동안 저자 일동은 일본어 한자를 단기간에 효율적으로 익힐 수 있는 교재를 개발하기 위해 많은 노력을 기울여 왔다. 학교 현장에서 일본어 한자 교육을 해 나가는 과정에서 학생들이 특히 어렵게 느끼는 점은 무엇인지, 또 습득한 한자를 실제 생활에 곧바로 적용하지 못하는 이유는 어디에 있는지 등에 대해 고민하면서 그 해결책을 제시하고자 노력해 왔다. 그 과정에서 『한자 용어로 배우는 일본어』(2005), 『키워드로 배우는 일본어 한자』(2007), 『한자로 익히는 중급 일본어』(2012) 등을 차례로 출판했다. 이 책들이 각각 처음 출판되었을 때는 기대했던 것보다 많은 학습자들로부터 호평을 받은 것이 사실이다. 그러나 초급자가 개인적으로 학습하기에는 부담스러운 다소 어려운 수준의 한자가 많이 반영되어 있다는 점에서 고충을 토로하는 학습자도 있었다. 또한 『한자로 익히는 중급 일본어』가 출판된 이후 5년의 시간이 흐른 현시점에서, 과거 출판했던 교재들의 장점을 취합한 보다 효율적인 일본어 한자 교재를 출판할 필요성을 느꼈다. 이것이 저자 일동이 이번에 『한눈에 익히는 초·중급 일본어 한자』를 기획하고 출판하게 된 계기였다.
 본 교재는 교육 현장과 개인 학습자가 일본어 한자를 최대한 효율적으로 습득할 수 있도록 고안되었다. 기획 단계에서 교재의 체제와 내용을 놓고 저자 간에 많은 논의가 이루어졌다. 첫째 학습자가 손쉽게 일본어 한자 학습에 다가갈 수 있도록 교재에 나오는 모든 한자 용어에 후리가나를 달자는 의견, 둘째 초급 수준의 한자 용어를 조금 더 반영하여 제시하자는 의견, 셋째 이공계 학습자를 배려한 전문 용어를 추가하자는 의견 등이 나왔다. 첫 번째 의견에 대해서는, 학습자의 학습 부담을 덜어준다는 취지에서 반영하기로 결정했다. 그러나 두 번째 의견은 반영하지 않았다. 초급 수준의 한자 용어도 중요하지만 일본어 한자를 습득해 실생활에 바로 적용할 수 있으려면 중급 정도의 한자 용어를 습득해 둘 필요가 있다는 판단 때문이었다. 세 번째 의견도 반영되지 않았다. 초 · 중급 한자 교재로서 그 양이 지나치게 늘어날 우려가 있다는 점과 일본어 한자 학습은 주로 인문사회계 학습자들 사이에서 이루어지고 있다는 현실을 고려한 결과였다.

　일본어 한자를 학습하는 초급 학습자의 입장에서 보면 본 교재는 다소 어렵게 느껴질 수 있다. 그러나 그런 어려운 과정을 잘 극복해 나간다면 자기도 모르는 사이에 실생활에서 일본어 한자 용어를 이용해 자신의 의사를 전달하고 또 초 · 중급 수준의 일본어를 별다른 어려움 없이 청취하고 있는 자신을 발견하게 될 것이다. 또한 본 교재를 충실히 학습한다면 따로 일본어 능력 검정 시험을 대비한 한자 교재는 필요하지 않을 것이다. JLPT나 JPT 등의 한자 시험에 대비할 수 있도록 출제 빈도가 높은 일본어 한자 용어를 최대한 본 교재에 반영해 두었기 때문이다. 앞으로도 대진대학교 교수진은 일본어 한자 학습에 필요한 보다 좋은 교재를 만들기 위한 작업을 게을리 하지 않을 것을 약속하며, 본 교재에 대한 수정과 보완 작업도 계속해 나갈 것이다.

2017년 8월

저자 일동

차례

1

家族/社会

1. 家族【名】かぞく

同じ家に住む夫婦・親子・兄弟など、近い血縁の人々。

[核(かく)ー・ー計画(けいかく)]

＊例文

① 私の家は五人家族だ。

(우리 가족은 다섯 명이다)

② 昔に比べて、核家族が増えた。

(옛날에 비해서, 핵가족이 증가했다.)

---

2. 家庭【名】かてい

生活を共にする家族の集まりの場所。

[母子(ぼし)ー・ー教育(きょういく)]

＊例文

① 私の理想は家庭的な男性と結婚することだ。

(나의 이상은 가정적인 남성과 결혼하는 것이다.)

② 家庭教師のアルバイトは高収入を確保できる。

(가정교사 아르바이트는 고수입을 확보할 수 있다.)

暮らし

3. 暮らし【名】くらし

毎日を過ごしていくこと。生活。

[その日(ひ)ー・ー向(む)き]

* 例文

① 経済が発展し、暮らしが豊かになった。

(경제가 발전하여 생활이 풍족해졌다.)

② 仕事がないので、暮らしが立たない。

(일이 없어서 생활이 어렵다.)

男女

4. 男女【名】だんじょ　　※老若男女 ろうにゃくなんにょ

男 と 女。

[ー差別(さべつ)・ー共学(きょうがく)]

* 例文

① 法律上は男女同権が規定されているが、まだまだ
差別が残っている。

(법률상으로는 남녀동권이 규정되어 있지만, 아직도 차별이

남아있다.)

② 公立の小・中学校は男女共学である。

(공립 초·중학교는 남녀공학이다.)

結婚

5. 結婚【名】【動】けっこん

正式の夫婦関係を結ぶこと。
せいしき　ふうふかんけい　むす

[恋愛(れんあい)－・－式(しき)]

＊ 例文

① 友人の結婚を祝ってパーティーを開く。
ゆうじん　けっこん　いわ　　　　　　　　　　　ひら

(친구 결혼을 축하하여 파티를 연다.)

② 結婚準備のため、お金を貯金している。
けっこんじゅんび　　　　　　かね　ちょきん

(결혼 준비를 위해 돈을 저금하고 있다.)

離婚

6. 離婚【名】【動】りこん

夫婦の関係を解消すること。
ふうふ　かんけい　かいしょう

[協議(きょうぎ)－・熟年(じゅくねん)－]

＊ 例文

① 近年、中高年の離婚が増えている。
きんねん　ちゅうこうねん　りこん　ふ

(근래, 중·노년층의 이혼이 증가하고 있다.)

② 離婚原因の一位は性格の不一致である。
りこんげんいん　いちい　せいかく　ふいっち

(이혼 원인 1위는 성격의 불일치다.)

7. 出産【名】【動】しゅっさん

子を産むこと。

[女児(じょじ)ー・ー祝(いわ)い]

* 例文

① 出産のため、仕事をいったん辞める。
(출산을 위해 일을 일단 그만둔다.)

② 実家に帰って出産する予定だ。
(친정에 가서 출산할 예정이다.)

---

8. 出生【名】【動】しゅっしょう/しゅっせい

子が生まれ出ること。誕生。

[ー率(りつ)・ー届(とどけ)]

* 例文

① 日本も韓国も、出生率が低すぎる。
(일본도 한국도 출생률이 너무 낮다.)

② 役所に出生届を提出する。
(관공서에 출생 신고서를 제출한다.)

少子化

9. 少子化【名】しょうしか

出生率(しゅっしょうりつ)の低下(ていか)により、子(こ)どもの数(かず)が少(すく)なくなること。

[ー問題(もんだい)・ー対策(たいさく)]

＊例文

① 少子化(しょうしか)が進(すす)むと、若(わか)い人(ひと)の社会負担(しゃかいふたん)が大(おお)きくなる。
(저출산화가 진행되면 젊은이들의 사회부담이 커진다.)

② 日本(にほん)では少子化(しょうしか)問題(もんだい)が深刻(しんこく)だ。
(일본에서는 저출산화 문제가 심각하다.)

夫婦

10. 夫婦【名】ふうふ

結婚(けっこん)している一組(ひとくみ)の男女(だんじょ)。

[おしどりー・ー仲(なか)]

＊例文

① 日曜日(にちようび)には夫婦(ふうふ)そろって出(で)かけることが多(おお)い。
(일요일에는 부부가 함께 외출하는 일이 많다.)

② 子(こ)どもを保育園(ほいくえん)に預(あず)けて共働(ともばたら)きをする夫婦(ふうふ)が増(ふ)えた。
(아이를 보육소에 맡기고 맞벌이를 하는 부부가 늘었다.)

親子

11. 親子【名】おやこ

親_{おや}と子_こ。

［－電話(でんわ)・－丼(どん)］

＊例文

① 休日_{きゅうじつ}は**親子**_{おやこ}でスポーツを楽_{たの}しむ。

(휴일은 부모와 아이가 스포츠를 즐긴다.)

② 芸能人_{げいのうじん}のAさんは**親子**_{おやこ}ほど年_{とし}が違_{ちが}う女性_{じょせい}と婚約_{こんやく}し

た。

(연예인 A씨는 부모와 자식만큼 나이 차이가 나는 여성과 약

혼했다.)

世代

12. 世代【名】せだい

親_{おや}・子_こ・孫_{まご}、それぞれの代_{だい}。ある年代層_{ねんだいそう}。

［－交代(こうたい)］

＊例文

① 三_{さん}**世代**_{せだい}同居_{どうきょ}ができる家_{いえ}を新築_{しんちく}した。

(세 세대가 같이 살 수 있는 집을 신축했다.)

② 団塊_{だんかい}の**世代**_{せだい}＊が75歳_{さい}になることを「2025年問題_{ねんもんだい}」

という。

(단카이 세대가 75세가 되는 것을 「2025년 문제」라고 한다.)

◇ **団塊の世代**_{だんかい　せだい}: 제2차 세계대전 이후 태어난 베이비 붐 세대

世帯

13. 世帯【名】せたい

住居や生計を同じくする者の集まり。

[一主(ぬし)]

* 例文

① 一人暮らしが増えると、**世帯**数も増加する。

(독신생활이 증가하면 세대수도 증가한다.)

② 私の家では父が**世帯**主です。

(우리 집에서는 아버지가 세대주입니다.)

家計

14. 家計【名】かけい

一家の生活を維持する経済。一家の生計。

[一簿(ぼ)]

* 例文

① 収入が減って**家計**が苦しい。

(수입이 감소하여 가계가 어렵다.)

② **家計**を支えるため、アルバイトを始めた。

(가계를 유지하기 위해, 아르바이트를 시작했다.)

15. 家事【名】かじ

<ruby>家<rt>か</rt></ruby><ruby>庭<rt>てい</rt></ruby><ruby>生<rt>せい</rt></ruby><ruby>活<rt>かつ</rt></ruby>を<ruby>営<rt>いとな</rt></ruby>むためのいろいろな<ruby>仕<rt>し</rt></ruby><ruby>事<rt>ごと</rt></ruby>。<ruby>掃<rt>そう</rt></ruby><ruby>除<rt>じ</rt></ruby>・<ruby>炊<rt>すい</rt></ruby><ruby>事<rt>じ</rt></ruby>・<ruby>洗<rt>せん</rt></ruby><ruby>濯<rt>たく</rt></ruby>・<ruby>育<rt>いく</rt></ruby><ruby>児<rt>じ</rt></ruby>など。

［－労働(ろうどう)・－手伝(てつだ)い］

* 例文

① <ruby>家<rt>か</rt></ruby><ruby>族<rt>ぞく</rt></ruby>が<ruby>多<rt>おお</rt></ruby>いので、<ruby>毎<rt>まい</rt></ruby><ruby>日<rt>にち</rt></ruby><ruby>家<rt>か</rt></ruby><ruby>事<rt>じ</rt></ruby>に<ruby>追<rt>お</rt></ruby>われている。
(가족이 많아서 매일 가사에 쫓기고 있다.)

② <ruby>仕<rt>し</rt></ruby><ruby>事<rt>ごと</rt></ruby>と<ruby>家<rt>か</rt></ruby><ruby>事<rt>じ</rt></ruby>を<ruby>両<rt>りょう</rt></ruby><ruby>立<rt>りつ</rt></ruby>させるのは<ruby>簡<rt>かん</rt></ruby><ruby>単<rt>たん</rt></ruby>ではない。
(일과 가사를 양립시키는 것은 간단하지 않다.)

社会

16. 社会【名】しゃかい

人間が集まって生活を営むその集団。世の中。

［縦(たて)ー・ー生活(せいかつ)］

＊例文

① 現代社会はさまざまな問題をかかえている。
(현대사회는 여러 가지 문제를 안고 있다.)

② 大学を卒業したら、社会に出なければならない。
(대학을 졸업하면, 사회에 나가지 않으면 안 된다.)

市民

17. 市民【名】しみん

その都市の住民。

［ソウルー・ー運動(うんどう)］

＊例文

① 私有の緑地が市民に開放された。
(사유녹지가 시민에게 개방되었다.)

② 組織的に市民運動を展開する。
(조직적으로 시민운동을 전개한다.)

18. 人口【名】じんこう

<small>いっていちいきない　じゅうみん　かず</small>
ー 定地域内の 住民の数。

［競技(きょうぎ)ー・ー密度(みつど)］

＊例文

<small>せかいいち　じんこう　おお　くに　ちゅうごく</small>
① 世界一、**人口**が多い国は中国である。
(세계에서 인구가 가장 많은 나라는 중국이다.)

<small>じんこうみつど　きわ　たか</small>
② ソウルは**人口**密度が極めて高い。
(서울은 인구밀도가 매우 높다.)

---

19. 首都【名】しゅと

<small>くに　ちゅうおうせいふ　　とし　しゅふ</small>
その国の 中央政府のある都市。首府。

［ー圏(けん)］

＊例文

<small>しゅと　とうきょう　　にほん　せいじ　けいざい　ちゅうしんち</small>
① **首都**東京は日本の政治、経済の中心地である。
(수도 도쿄는 일본의 정치, 경제의 중심지다.)

<small>ねんご　　しゅときのう　いてん　けいかく</small>
② 10年後には、**首都**機能を移転する計画だ。
(10년 후에는 수도 기능을 이전할 계획이다.)

地域

20. 地域【名】ちいき

ある観点から見たひとまとまりのものとして他と区別されるかなり広い土地。

[戦闘(せんとう)ー・ー社会(しゃかい)]

＊例文

① 地域住民の意見を行政に反映してほしい。
(지역 주민의 의견을 행정에 반영했으면 좋겠다.)

② 防災地域の見直しが必要になった。
(재난 방지 지역의 재검토가 필요하게 되었다.)

都市

21. 都市【名】とし

人が多く集まり、政治・経済・文化の中心になっている所。都会。

[国際(こくさい)ー・ー計画(けいかく)]

＊例文

① 新しい都市計画が発表された。
(새로운 도시계획이 발표되었다.)

② ローマには古代都市の遺跡が多い。
(로마에는 고대도시의 유적이 많다.)

22. 地方【名】ちほう

首都及び、それに準じる大都市以外の地域。田舎。

[関西(かんさい)ー・ー自治体(じちたい)]

* 例文

① 私の生まれ故郷は東北地方の仙台だ。

(내가 태어난 고향은 도호쿠 지방의 센다이다.)

② 警察官や消防士は地方公務員である。

(경찰관이나 소방관은 지방공무원이다.)

---

23. 過疎/過密【名】かそ/かみつ

ある地域の人口が他に流出して、異常に少ないこと。

人口・建物などがある地域に集中しすぎていること。

[ー地域(ちいき)・ー化(か)]

* 例文

① 全国各地で過疎化の進行に歯止めがかからない。

(전국 각지의 과소화 진행을 막기 어렵다.)

② 過密都市東京の地震被害を予測する。

(과밀도시 도쿄의 지진피해를 예측한다.)

格差

24. 格差【名】かくさ

平等が期待されるものの 間 に現実に存在する高低・上下の開
き。

[所得(しょとく)ー・ー社会(しゃかい)]

* 例文

① 格差の広がりは世界的傾向である。

(격차 확대는 세계적인 경향이다.)

② 賃金格差を是正してほしい。

(임금 격차를 시정했으면 한다.)

貧困

25. 貧困【名】【形】ひんこん

貧乏で生活が困っていること。内容が乏しいこと。

[ー状態(じょうたい)・ービジネス]

* 例文

① この画家は若い時、貧困にあえいだ生活をしてい
た。

(이 작가는 젊었을 때, 빈곤에 허덕이는 생활을 하고 있었다.)

② 今回の参院選は政治の貧困を象徴するような結
果だった。

(이번 참의원 선거는 정치의 빈곤을 상징하는 것과 같은 결과
였다.)

平均

26. 平均【名】【動】へいきん

ふぞろいのないこと。

［－気温(きおん)・－寿命(じゅみょう)］

＊例文

① 今年の海苔は品質が平均している。
(올해의 김은 품질이 고르다.)

② 日本の女性の平均寿命は世界一である。
(일본 여성의 평균수명은 세계 제일이다.)

水準

27. 水準【名】すいじゅん

地位・階級・品質・価値などの高さの標準。

［文化(ぶんか)－・－以上(いじょう)］

＊例文

① 韓国のIT技術は世界一の水準に達している。
(한국의 IT기술은 세계 최고 수준에 달하고 있다.)

② 上半期の生産量は昨年の水準を上回った。
(상반기 생산량은 작년 수준을 웃돌았다.)

世論

28. 世論【名】よろん・せろん

それぞれの問題についての世間の人の考え。

[一調査(ちょうさ)]

* 例文

① 憲法改正の世論が高まりつつある。

(헌법개정의 여론이 높아져 가고 있다.)

② マスコミ各社が世論の動向を調査する。

(각 언론사가 여론동향을 조사한다.)

住民

29. 住民【名】じゅうみん

その地域一帯に住んでいる一団の人々。

[一登録(とうろく)・一票(ひょう)]

* 例文

① 住民が協力して、公園の清掃を行う。

(주민이 협력하여 공원 청소를 한다.)

② 隣の市へ引っ越しをしたら、住民票を移さなけれ

ばならない。

(인접 시로 이사하면 주민등록을 옮겨야 한다.)

戸籍

30. 戸籍【名】こせき

こくみんかくこじん　しんぞくてきみぶんかんけい　きさい　こうぶんしょ
国民各個人の親族的身分関係を記載した公文書。

[一調(しら)べ・一謄本(とうほん)]

* 例文

しんせい　　とき　　　こせきとうほん　しょうほん
① パスポートを申請する時には、**戸籍**謄本か抄本が
ひつよう
必要だ。
(여권을 신청할 때에는 호적등본 또는 초본이 필요하다.)

てんのう　　こせき
② 天皇には**戸籍**がない。
(천황에게는 호적이 없다.)

2

政治/法律

政治

31. 政治【名】せいじ

国(くに)を治(おさ)める活動(かつどう)。

［官僚(かんりょう)―・―家(か)］

＊ 例文

① 国民(こくみん)は**政治(せいじ)**に参加(さんか)する権利(けんり)がある。

(국민은 정치에 참가할 권리가 있다.)

② 前首相(ぜんしゅしょう)の汚職(おしょく)事件(じけん)は**政治(せいじ)**不信(ふしん)を招(まね)いた。

(전 수상의 부정사건은 정치 불신을 초래했다.)

行政

32. 行政【名】ぎょうせい

国(くに)の統治(とうち)作用(さよう)のうち、司法(しほう)・立法(りっぽう)以外(いがい)の作用(さよう)の総称(そうしょう)。

［―改革(かいかく)］

＊ 例文

① 立法(りっぽう)・司法(しほう)・**行政(ぎょうせい)**の三権(さんけん)はそれぞれ独立(どくりつ)している。

(입법·사법·행정의 3권은 각각 독립되어 있다.)

② 国(くに)の**行政(ぎょうせい)**改革(かいかく)が叫(さけ)ばれて久(ひさ)しい。

(나라의 행정 개혁이 주장된 지 오래다.)

33. 議会【名】ぎかい

公選された議員によって、国民や住民の意思を代表・決定する合議制の機関。

[地方(ちほう)ー・ー政治(せいじ)]

＊例文

① 議会政治は民主主義の国家の基本である。
(의회정치는 민주주의 국가의 기본이다.)

② 今後は地方議会の活性化が重要であろう。
(앞으로는 지방의회의 활성화가 중요할 것이다.)

---

34. 国会【名】こっかい

憲法の定める国の議会。国権の最高機関で、国の唯一の立法機関。日本では衆議院と参議院がある。

[ー議員(ぎいん)・ー議事堂(ぎじどう)]

＊例文

① 会期期間中にはテレビで国会中継が放送される。
(회기 기간 중에는 TV로 국회 중계가 방송된다.)

② 日本の国会議事堂は永田町にある。
(일본의 국회의사당은 나가타초에 있다.)

議員

35. 議員【名】ぎいん

国会や地方議会などの 会議機関を構成し、議決する権利を持つ
人。

[ー立法(りっぽう)・ーバッジ]

＊例文

① 衆議院議員の任期は4年である。

(중의원 의원의 임기는 4년이다.)

② 新人議員の晴れやかな顔が新聞に載っていた。

(신인 [초선] 의원의 밝은 얼굴이 신문에 실려 있었다.)

政府

36. 政府【名】せいふ

行政を行う国家の機関。

[現(げん)ー・暫定(ざんてい)ー]

＊例文

① 政府が外交方針を発表する。

(정부가 외교방침을 발표한다.)

② この問題については政府内でも慎重論がある。

(이 문제에 대해서는 정부 내에서도 신중론이 있다.)

37. 内閣【名】ないかく

内閣

だいじん　　そしき　　　くに　さいこうぎょうせいきかん　せいふ
大臣で組織する国の最高行政機関。政府。

[短命(たんめい)ー・ー総理大臣(そうりだいじん)]

* 例文

ないかくし じりつ　すいい　　　　　　　　　せいきょく　うご
① **内閣**支持率の推移によって政局が動く。

(내각 지지율 추이에 따라 정국이 움직인다.)

か げつ　　　　　　おわ　　たんめい**ないかく**
② 2ヶ月ほどで終った短命**内閣**もあった。

(2개월 정도로 끝난 단명한 내각도 있었다.)

---

38. 首相【名】しゅしょう

首相

ないかく　しゅちょう　　　　ないかくそうりだいじん　つうしょう
内閣の首長である内閣総理大臣の通称。

[ー官邸(かんてい)]

* 例文

ないかく　かくぎ　しゅしょうかんてい　おこな
① 内閣の閣議は**首相**官邸で行われる。

(내각 각료회의는 수상 관저에서 행해진다.)

しゅしょう　そうさいせん　いよく　み
② **首相**は総裁選に意欲を見せる。

(수상은 총재선거에 의욕을 보인다.)

39. 選挙【名】【動】せんきょ

選挙

何かの任に当たる人を、その資格・条件に合った人の中から選び出すこと。

［国政(こくせい)ー・ー運動(うんどう)］

＊例文

① 激しい**選挙戦**を展開する。

(격렬한 선거전을 전개한다.)

② 満18歳以上の国民は**選挙権**を有する。

(만 18세 이상의 국민은 선거권을 가진다.)

---

40. 政党【名】せいとう

政党

共通の政見を実行に移すために政権を取ることを目標として結ばれた政治団体。

［ー政治(せいじ)・ー交付金(こうふきん)］

＊例文

① アメリカは共和党と民主党の二大**政党**政治だ。

(미국은 공화당과 민주당의 2대 정당 정치이다.)

② 調査の結果を見ると、支持**政党**なしが40パーセントを超えている。

(조사결과를 보면, 지지정당 없음이 40%를 넘고 있다.)

41. 派閥【名】はばつ

<ruby>出<rt>しゅっ</rt></ruby><ruby>身<rt>しん</rt></ruby>や<ruby>利<rt>り</rt></ruby><ruby>害<rt>がい</rt></ruby><ruby>関<rt>かん</rt></ruby><ruby>係<rt>けい</rt></ruby>により、ある<ruby>集<rt>しゅう</rt></ruby><ruby>団<rt>だん</rt></ruby>の<ruby>内<rt>ない</rt></ruby><ruby>部<rt>ぶ</rt></ruby>にできた<ruby>排<rt>はい</rt></ruby><ruby>他<rt>た</rt></ruby><ruby>的<rt>てき</rt></ruby>な<ruby>小<rt>しょう</rt></ruby><ruby>集<rt>しゅう</rt></ruby><ruby>団<rt>だん</rt></ruby>。

［—争(あらそ)い］

＊例文

① <ruby>当<rt>とう</rt></ruby><ruby>時<rt>じ</rt></ruby>の<ruby>政<rt>せい</rt></ruby><ruby>局<rt>きょく</rt></ruby>は**派閥**<ruby>争<rt>あらそ</rt></ruby>いの<ruby>様<rt>よう</rt></ruby><ruby>相<rt>そう</rt></ruby>を<ruby>呈<rt>てい</rt></ruby>していた。

(당시 정국은 파벌 다툼 양상을 띠고 있었다.)

② <ruby>社<rt>しゃ</rt></ruby><ruby>内<rt>ない</rt></ruby>の**派閥**<ruby>人<rt>じん</rt></ruby><ruby>事<rt>じ</rt></ruby>が<ruby>決<rt>き</rt></ruby>められた。

(사내 파벌에 의해 인사가 결정되었다.)

---

42. 政策【名】せいさく

<ruby>政<rt>せい</rt></ruby><ruby>治<rt>じ</rt></ruby><ruby>上<rt>じょう</rt></ruby>の<ruby>方<rt>ほう</rt></ruby><ruby>針<rt>しん</rt></ruby>や<ruby>手<rt>しゅ</rt></ruby><ruby>段<rt>だん</rt></ruby>。

［外交(がいこう)—・—論議(ろんぎ)］

＊例文

① <ruby>各<rt>かく</rt></ruby><ruby>党<rt>とう</rt></ruby>の**政策**を<ruby>見<rt>み</rt></ruby><ruby>極<rt>きわ</rt></ruby>めて、<ruby>投<rt>とう</rt></ruby><ruby>票<rt>ひょう</rt></ruby>したい。

(각 당의 정책을 잘 살펴보고 투표하고 싶다.)

② <ruby>有<rt>ゆう</rt></ruby><ruby>効<rt>こう</rt></ruby>な<ruby>金<rt>きん</rt></ruby><ruby>融<rt>ゆう</rt></ruby>**政策**を<ruby>打<rt>う</rt></ruby>ち<ruby>出<rt>だ</rt></ruby>せない<ruby>中<rt>なか</rt></ruby>、<ruby>円<rt>えん</rt></ruby><ruby>高<rt>だか</rt></ruby>が<ruby>進<rt>すす</rt></ruby>む。

(유효한 금융정책을 마련하지 못한 사이에 엔고가 진행된다.)

官僚

43. 官僚【名】かんりょう

国の 行政面の仕事に 従事する人たち。

[ー制(せい)・ー主義(しゅぎ)]

＊例文

① 公務員のうち、政策の決定に係わる人を官僚という。

(공무원 중, 정책결정에 관여하는 사람을 관료라 한다.)

② 官僚出身の大臣が増えている。

(관료출신 대신이 늘고 있다.)

自治

44. 自治【名】じち

団体や組織が自分たちの事を自己の責任においてきちんと処理すること。

[ー体(たい)・ー会(かい)]

＊例文

① 地方自治は住民がその地域の政治に参加できるためにある。

(지방자치는 주민이 그 지역 정치에 참가할 수 있기 위해 존재한다.)

② 祖父は地域の自治会活動に熱心だ。

(할아버지는 지역자치회 활동에 열심이다.)

知事

45. 知事【名】ちじ

とどふけん しゅちょう
都道府県の首長。

* 例文

げんとうきょうと ち じ こいけゆりこ し
① 現東京都知事は小池百合子氏である。

(현 도쿄도 지사는 고이케 유리코 씨다.)

せんげつ みやぎけん ち じ せん
② 先月、宮城県知事選があった。

(지난달, 미아기 현 지사 선거가 있었다.)

46. 法律【名】ほうりつ

法律

社会秩序を守るため、国民が従わなければならないと定められたその国の決まり。

[一家(か)]

* 例文

① **法律**に触れることをしてはいけない。
(법률에 저촉되는 행동을 해서는 안 된다.)

② **法律**案は国会で審議される。
(법률안은 국회에서 심의된다.)

---

47. 憲法【名】けんぽう

憲法

その国家の組織・運営の大原則を定めた国家最高の法規。

[平和(へいわ)ー・ー記念日(きねんび)]

* 例文

① 日本国**憲法**第九条では戦争放棄をうたっている。
(일본헌법 제9조에는 전쟁 포기를 강조하고 있다.)

② 靖国参拝は**憲法**違反の疑いがある。
(야스쿠니 신사참배는 위헌의 여지가 있다.)

48. 改正【名】【動】かいせい

改正

規則・方式などを改め変えること。
<ruby>規則<rt>きそく</rt></ruby>・<ruby>方式<rt>ほうしき</rt></ruby>などを<ruby>改<rt>あらた</rt></ruby>め<ruby>変<rt>か</rt></ruby>えること。

［―案(あん)］

＊例文

① <ruby>憲法<rt>けんぽう</rt></ruby><ruby>改正<rt>かいせい</rt></ruby>について、<ruby>国民<rt>こくみん</rt></ruby>の<ruby>意見<rt>いけん</rt></ruby>は<ruby>分<rt>わ</rt></ruby>かれている。
(헌법개정에 대해 국민의 의견은 나뉘어져있다.)

② <ruby>時刻表<rt>じこくひょう</rt></ruby>が<ruby>改正<rt>かいせい</rt></ruby>されたので、<ruby>本屋<rt>ほんや</rt></ruby>に<ruby>買<rt>か</rt></ruby>いに<ruby>行<rt>い</rt></ruby>った。
(열차 시간표가 개정되었기 때문에 서점으로 사러 갔다.)

---

49. 人権【名】じんけん

人権

人間に当然与えられるとされる権利。
<ruby>人間<rt>にんげん</rt></ruby>に<ruby>当然<rt>とうぜん</rt></ruby><ruby>与<rt>あた</rt></ruby>えられるとされる<ruby>権利<rt>けんり</rt></ruby>。

［基本的(きほんてき)―・―侵害(しんがい)］

＊例文

① <ruby>基本的<rt>きほんてき</rt></ruby><ruby>人権<rt>じんけん</rt></ruby>が<ruby>守<rt>まも</rt></ruby>られている。
(기본적 인권이 보호되고 있다.)

② <ruby>人権<rt>じんけん</rt></ruby><ruby>侵害<rt>しんがい</rt></ruby>については<ruby>強<rt>つよ</rt></ruby>く<ruby>非難<rt>ひなん</rt></ruby>されなければならない。
(인권침해에 대해서는 강하게 비난 받지 않으면 안 된다.)

権利

50. 権利【名】けんり

物事を自分の意志によってなし得る資格。

[―金(きん)]

＊例文

① 生きる**権利**が保障されなければならない。

(생존의 권리가 보장되지 않으면 안 된다.)

② 店の**権利**を子どもに譲った。

(가게의 권리를 자식에게 양도했다.)

義務

51. 義務【名】ぎむ

その立場にある人として当然やらなければいけないとされていること。

[―教育(きょういく)・―感(かん)]

＊例文

① 国民としての**義務**である税金を納める。

(국민으로서의 의무인 세금을 납부한다.)

② 日本の**義務**教育は9年間である。

(일본의 의무교육은 9년간이다.)

52. 税/税金【名】ぜい/ぜいきん

<ruby>租税<rt>そぜい</rt></ruby>として<ruby>納<rt>おさ</rt></ruby>める<ruby>お金<rt>かね</rt></ruby>。

［消費(しょうひ)ー・ー収(しゅう)］

＊例文

① 国民の関心事は消費税の引き上げの時期だ。

(국민의 관심사는 소비세 인상 시기이다.)

② 公共事業は国民の税金でまかなわれている。

(공공사업은 국민의 세금으로 충당되고 있다.)

---

53. 条例【名】じょうれい

<ruby>地方公共<rt>ちほうこうきょう</rt></ruby><ruby>団体<rt>だんたい</rt></ruby>が<ruby>法律<rt>ほうりつ</rt></ruby>の<ruby>範囲内<rt>はんいない</rt></ruby>で<ruby>制定<rt>せいてい</rt></ruby>できる<ruby>自主的<rt>じしゅてき</rt></ruby>な<ruby>法規<rt>ほうき</rt></ruby>。

［迷惑防止(めいわくぼうし)ー・ー違反(いはん)］

＊例文

① 景観を乱す派手な広告は市の条例で禁止されて

いる。

(경관을 해치는 화려한 광고는 시의 조례로 금지되어 있다.)

② 条例に基づき5万円以下の罰金を科す。

(조례에 의거하여 5만엔 이하의 벌금을 부과한다.)

治安

54. 治安【名】ちあん

国家・社会に異変がなく、秩序が保たれていること。

[―維持(いじ)・―部隊(ぶたい)]

＊例文

① 犯罪を取り締まり、社会の治安を維持する。

(범죄를 단속하고, 사회의 치안을 유지한다.)

② 日本は治安がいい国と言われる。

(일본은 치안이 좋은 나라라고 일컬어지고 있다.)

警察

55. 警察【名】けいさつ

社会公共の秩序を維持し、国民の生命・財産を保護することを目的とする国家の行政上の機能。また、その機能を持つ行政機関。

[―官(かん)・―署(しょ)]

＊例文

① 警察は市民の安全を守るための組織だ。

(경찰은 시민의 안전을 지키기 위한 조직이다.)

② 道で警察官に呼びとめられた。

(길에서 경찰관에게 검문 당했다.)

裁判

56. 裁判【名】【動】さいばん

裁判所が権利・理非に関する争いを法の適用によって解決すること。また、その過程。

[―官(かん)・―所(しょ)]

＊例文

① 裁判員制度の実施により、司法が身近なものになった。

(재판배심원제도 실시에 따라 사법기관이 가까운 존재가 되었다.)

② 裁判にかけて真実を明らかにしよう。

(재판에 회부하여 진실을 밝히자.)

弁護

57. 弁護【名】【動】べんご

他人、または、自分の不利益にならないようにいろいろな理由・論点から主張して譲らないこと。

[自己(じこ)―・―士(し)]

＊例文

① 被告人の弁護を依頼する。

(피고인의 변호를 의뢰한다.)

② 自己弁護ばかり繰り返すのは醜いものだ。

(자기변호만 반복하는 것은 추한 일이다.)

判決

58. 判決【名】【動】はんけつ

裁判所が決定した結果(無罪か有罪か)を判断の根拠を示しながら言い渡すこと。

[一文(ぶん)]

＊例文

① 予想通り、無罪**判決**が下された。

(예상대로, 무죄판결이 내려졌다.)

② 有罪**判決**を覆す物的証拠が出て来た。

(유죄판결을 뒤엎는 물적 증거가 나왔다.)

有罪

無罪

59. 有罪/無罪【名】ゆうざい/むざい

裁判の結果、罪を犯したと認められること。または、罪を犯したものとは認められないこと。

[一判決(はんけつ)]

＊例文

① **有罪**を言い渡される。

(유죄를 선고받다.)

② **無罪**を勝ち取るために最後まで戦うつもりだ。

(무죄를 쟁취하기 위해서 마지막까지 싸울 생각이다.)

60. 刑/刑罰【名】けい/けいばつ

刑

刑罰

国家が罪を犯した者に加える制裁。

[求(きゅう)ー・死(し)ー]

* 例文

① 死刑制度の是非をめぐって議論が紛糾した。

(사형 제도 시비를 둘러싸고 여러 의견이 분분했다.)

② 罰金30万円の刑罰を科した。

(벌금 30만 엔의 형벌을 부과했다.)

3

国際/軍事

61. 国際【名】こくさい

自国の中だけにとどまらず、他の国と何らかの関わりを持つこと。世界的であること。

［－会議(かいぎ)・－結婚(けっこん)］

＊例文

① 民間レベルでの**国際**交流が深まってきた。
(민간 차원에서의 국제 교류가 깊어졌다.)

② **国際**感覚の欠如こそ、問題点である。
(국제적 감각의 결여야말로 문제점이다.)

62. 国家【名】こっか

一定の領土に住み、独立の統治組織を持つ人民の社会集団。国。

［－権力(けんりょく)・－公務員(こうむいん)］

＊例文

① オリンピックでは、**国家**間の激しいメダル競争が
見られる。
(올림픽에서는 국가 간의 치열한 메달 경쟁을 볼 수 있다.)

② **国家**公務員試験は難関だ。
(국가 공무원시험은 어려운 관문이다.)

63. 領土【名】りょうど

領有する土地。一国の主権が及ぶ範囲の土地。

［―問題(もんだい)］

＊例文

① 紛争は**領土**問題から発生することが多い。

(분쟁은 영토 문제에서 발생하는 경우가 많다.)

② 植民地政策によって自国の**領土**を増やしていった。

(식민지 정책에 의해 자국의 영토를 늘려갔다.)

---

64. 国境【名】こっきょう

他国との領土の境界。

［―線(せん)］

＊例文

① 首脳同士が**国境**を越えて対談する。

(수뇌끼리 국경을 넘어서 대담한다.)

② **国境**なき医師団が紛争地域で医療活動を行う。

(국경 없는 의사단이 분쟁 지역에서 의료 활동을 한다.)

国交

65. 国交【名】こっこう

国家間の公式の交際。

[―正常化(せいじょうか)・―断絶(だんぜつ)]

* 例文

① 1972年、日本と中国は**国交**を正常化した。

(1972년, 일본과 중국은 국교를 정상화했다.)

② **国交**がとだえている国には渡航ができない。

(국교가 단절되어 있는 나라로는 건너갈 수 없다.)

外交

66. 外交【名】がいこう

外国との交際・交渉。

[―官(かん)・―交渉(こうしょう)]

* 例文

① 専門家に**外交**についての意見を聞く。

(전문가에게 외교에 대한 의견을 묻는다.)

② 将来の夢は**外交**官になることだ。

(장래의 꿈은 외교관이 되는 것이다.)

67. 条約【名】じょうやく

文書に書き記した国家間、または、国際機関との間での合意。

［平和(へいわ)－］

＊例文

① 平和**条約**を締結する。

(평화조약을 체결한다.)

② 両国の友好関係と経済協力が**条約**にうたわれて

いる。

(양국의 우호 관계와 경제협력이 조약에 강조되어 있다.)

---

68. 交流【名】【動】こうりゅう

違った系統のものが互いに行きかい、入りまじること。

［文化(ぶんか)－・国際(こくさい)－］

＊例文

① 相互訪問で姉妹校との**交流**を深める。

(상호 방문으로 자매학교와의 교류를 깊게 한다.)

② 子どもたちが未来の国際**交流**の担い手だ。

(어린아이들이 미래 국제 교류의 담당자다.)

友好

69. 友好【名】ゆうこう

国家・団体・組織など相互の間で、摩擦なく交際し交流すること。

[―国(こく)・―親善(しんぜん)]

＊ 例文

① アジアの国々と**友好**関係を築くことが重要である。

(아시아 여러 나라와 우호 관계를 구축하는 것이 중요하다.)

② 首脳会談は友好的な雰囲気で進められた。

(수뇌회담은 우호적인 분위기로 진행되었다.)

同盟

70. 同盟【名】【動】どうめい

国や組織や個人が共同の目的のために同じ行動をとることを約束すること。また、その約束によって生じた関係。

[軍事(ぐんじ)―・―国(こく)]

＊ 例文

① 第二次世界大戦当時、多くの国々で軍事**同盟**が結ばれた。

(제2차 세계대전 당시, 많은 나라에서 군사동맹이 맺어졌다.)

② 日米は**同盟**国関係を維持している。

(일본과 미국은 동맹국 관계를 유지하고 있다.)

71. 協調【名】【動】きょうちょう

相違点・利害などを譲り合い、共通の目標に向かって歩み寄ること。

［労資(ろうし)－］

* 例文

① 世界平和の実現を目指して各国が**協調**する。
(세계 평화의 실현을 목표로 각 나라가 협조한다.)

② 彼の欠点は**協調**性に欠けることだ。
(그의 결점은 협조성이 결여된 것이다.)

---

72. 協力【名】【動】きょうりょく

力を合わせて物事に当たること。

［－者(しゃ)・－体制(たいせい)］

* 例文

① 発展途上国への経済**協力**を進める。
(개발도상국으로의 경제 협력을 추진한다.)

② アンケートに御**協力**ありがとうございます。
(앙케이트에 협력해 주셔서 감사합니다.)

73. 両国【名】りょうこく

両方（りょうほう）の国（くに）。

［日米(にちべい)ー］

* 例文

① 領土問題（りょうどもんだい）は**両国**間（りょうこくかん）の懸案（けんあん）である。

(영토 문제는 양국 간의 현안이다.)

② 冷戦時代（れいせんじだい）、米ソ（べい）**両国**（りょうこく）の関係（かんけい）は緊張（きんちょう）していた。

(냉전 시대, 미소 양국 관계는 긴장되어 있었다.)

---

74. 首脳【名】しゅのう

その組織（そしき）の中（なか）で、中心（ちゅうしん）となって働（はたら）く最高（さいこう）の責任者（せきにんしゃ）。

［ー会談(かいだん)・ー外交(がいこう)］

* 例文

① 各国首脳（かっこくしゅのう）がなごやかに写真（しゃしん）に納（おさ）まっている。

(각국 수뇌가 화기애애하게 사진에 실려있다.)

② 今月10日（こんげつとおか）から、**首脳**会談（しゅのうかいだん）が開（ひら）かれる。

(이달 10일부터 수뇌회담이 열린다.)

75. 大統領【名】だいとうりょう

大統領

共和国の元首。

[―制(せい)]

＊例文

① 韓国の**大統領**は任期が5年だ。

(한국의 대통령은 임기가 5년이다.)

② アメリカ合衆国**大統領**はホワイトハウスに住んでいる。

(미합중국 대통령은 백악관에 살고 있다.)

軍事

76. 軍事【名】ぐんじ

軍隊・兵備・戦争に関すること。

[－力(りょく)・－行動(こうどう)]

* 例文

① 最近、各国の軍事力増強が報道されている。

(최근에 각국의 군사력 증강이 보도되고 있다.)

② 軍事専門家の話によれば、ハイテク兵器の性能は驚くばかりだ。

(군사 전문가의 말에 의하면 하이테크 병기의 성능은 놀라울 뿐이다.)

平和

77. 平和【名】【形】へいわ

戦いや争いがなく、穏やかな状態。

[－運動(うんどう)・ノーベル－賞(しょう)]

* 例文

① 第二次世界大戦後、多くの国々で平和を取り戻した。

(제2차 세계대전 후 많은 나라에서 평화를 되찾았다.)

② 武力なき平和の実現を模索するべきだ。

(무력없는 평화 실현을 모색해야 한다.)

防衛

78. 防衛【名】【動】ぼうえい

他からの危害を防ぎ守ること。

[正当(せいとう)ー・ー本能(ほんのう)]

＊例文

① 市民たちは祖国防衛に立ち上がった。

(시민들은 조국 방위에 나섰다.)

② ミドル級のタイトル防衛戦が行われる。

(미들급 타이틀 방어전이 열린다.)

自衛

79. 自衛【名】【動】じえい

自分で自分を守ること。

[ー隊(たい)・ー手段(しゅだん)]

＊例文

① 自衛隊を災害地域の支援に派遣する。

(자위대를 재해 지역의 지원을 위해 파견한다.)

② 災害に対して、自衛手段を準備しておくべきだ。

(재해에 대해, 스스로 방어하는 수단을 준비해 둬야 한다.)

国防

80. 国防【名】こくぼう

外国の侵略に対する国の守備。
がいこく　しんりゃく　たい　くに　しゅび

[ー力(りょく)・ー色(しょく)]

＊例文

① 政府は国防費を増額した。
せいふ　こくぼうひ　ぞうがく

(정부는 국방비를 증액시켰다.)

② カーキ色を見ると、祖母は国防色を思い出すと言
いろ　み　そぼ　こくぼういろ　おも　だ　い

う。

(카키색을 보면 할머니는 국방색이 떠오른다고 한다.)

戦争

81. 戦争【名】【動】せんそう

国家間の争い・紛争を解決するための武力行使に入ること。
こっかかん　あらそ　ふんそう　かいけつ　ぶりょくこうし　はい

[受験(じゅけん)ー・ー犯罪人(はんざいにん)]

＊例文

① 小説『坂の上の雲』は日露戦争を題材にしてい
しょうせつ　さか　うえ　くも　にちろ　せんそう　だいざい

る。

(소설『언덕 위의 구름』은 러일전쟁을 제재로 하고 있다.)

② 戦争犠牲者の冥福を祈る。
せんそうぎせいしゃ　めいふく　いの

(전쟁 희생자의 명복을 빈다.)

軍備

82. 軍備【名】ぐんび

<ruby>軍<rt>ぐん</rt></ruby><ruby>事<rt>じ</rt></ruby><ruby>上<rt>じょう</rt></ruby>の<ruby>設<rt>せつ</rt></ruby><ruby>備<rt>び</rt></ruby>や<ruby>戦<rt>せん</rt></ruby><ruby>争<rt>そう</rt></ruby>の<ruby>準<rt>じゅん</rt></ruby><ruby>備<rt>び</rt></ruby>。

[一縮小(しゅくしょう)・一増強(ぞうきょう)]

＊例文

① <ruby>各<rt>かっ</rt></ruby><ruby>国<rt>こっ</rt></ruby><ruby>間<rt>かん</rt></ruby>で**軍備**を<ruby>制<rt>せい</rt></ruby><ruby>限<rt>げん</rt></ruby>する<ruby>条<rt>じょう</rt></ruby><ruby>約<rt>やく</rt></ruby>が<ruby>結<rt>むす</rt></ruby>ばれた。
(각국 간에 군비를 제한하는 조약이 체결되었다.)

② <ruby>東<rt>ひがし</rt></ruby>アジア<ruby>地<rt>ち</rt></ruby><ruby>域<rt>いき</rt></ruby>に**軍備**<ruby>拡<rt>かく</rt></ruby><ruby>張<rt>ちょう</rt></ruby><ruby>競<rt>きょう</rt></ruby><ruby>争<rt>そう</rt></ruby>の<ruby>動<rt>うご</rt></ruby>きが<ruby>見<rt>み</rt></ruby>える。
(동아시아 지역에서 군비확장 경쟁의 움직임이 보인다.)

武力

83. 武力【名】ぶりょく

<ruby>軍<rt>ぐん</rt></ruby><ruby>事<rt>じ</rt></ruby><ruby>上<rt>じょう</rt></ruby>の<ruby>力<rt>ちから</rt></ruby>。<ruby>兵<rt>へい</rt></ruby><ruby>力<rt>りょく</rt></ruby>。

[一行使(こうし)・一衝突(しょうとつ)]

＊例文

① <ruby>紛<rt>ふん</rt></ruby><ruby>争<rt>そう</rt></ruby><ruby>解<rt>かい</rt></ruby><ruby>決<rt>けつ</rt></ruby>のための**武力**<ruby>行<rt>こう</rt></ruby><ruby>使<rt>し</rt></ruby>を<ruby>行<rt>おこな</rt></ruby>わない。
(분쟁 해결을 위한 무력행사를 행하지 않는다.)

② **武力**に<ruby>訴<rt>うった</rt></ruby>えてでも、この<ruby>問<rt>もん</rt></ruby><ruby>題<rt>だい</rt></ruby>は<ruby>阻<rt>そ</rt></ruby><ruby>止<rt>し</rt></ruby>しなければならない。
(무력으로 호소해서라도 이 문제는 저지하지 않으면 안 된다.)

核兵器

84. 核兵器【名】かくへいき

核反応の時に出るエネルギーを利用した兵器。原子爆弾・水素爆弾など。

[―廃絶(はいぜつ)]

＊例文

① **核兵器**を廃絶する運動に参加する。
(핵병기를 폐기하는 운동에 참가한다.)

② 広島で初めて**核兵器**が使われた。
(히로시마에서 처음으로 핵병기가 사용되었다.)

基地

85. 基地【名】きち

軍事・探検などの行動を起こす根拠地。

[南極(なんきょく)―・―局(きょく)]

＊例文

① **基地**の返還問題に進展があった。
(기지 반환 문제에 진전이 있었다.)

② 米軍の**基地**が沖縄に集中している。
(미군기지가 오키나와에 집중되어 있다.)

86. 侵略【名】【動】しんりゃく

他国に攻め入って、その領土を奪い取ること。

［一戦争(せんそう)・一者(しゃ)］

＊例文

① 侵略戦争が二度と起こらないよう、国際社会が監視する。

(침략 전쟁이 두 번 다시 일어나지 않도록, 국제사회가 감시한다.)

② 他国の領土を侵略してはならない。

(타국의 영토를 침략해서는 안 된다.)

---

87. 中立【名】ちゅうりつ

当事者(当事国)のどちらにも味方せず、また、敵対しないこと。

［一国(こく)］

＊例文

① 議長は中立性を保たなければならない。

(의장은 중립을 지키지 않으면 안 된다.)

② スイスは永世中立国である。

(스위스는 영세 중립 국가이다.)

88. 内戦【名】ないせん

自国内の勢力の衝突で起こされた国内の戦争。

* 例文

① 内戦から逃れて来た人々の支援が必要だ。
(내전으로부터 피해온 사람들의 지원이 필요하다.)

② アフリカで多くの内戦が勃発している。
(아프리카에서 많은 내전이 발발하고 있다.)

---

89. 紛争【名】ふんそう

もつれて争うこと。もめごと。

［大学(だいがく)ー・ー地域(ちいき)］

* 例文

① 国連は紛争地域に対して、平和維持軍を派遣している。
(UN은 분쟁 지역에 대해, 평화 유지군을 파견하고 있다.)

② 土地の所有をめぐって、昔から紛争が絶えない。
(토지 소유를 둘러싸고 옛날부터 분쟁이 끊이지 않는다.)

90. 難民【名】なんみん

戦災・震災や生活困窮などで居所を失い、または、居所に居られ
ず安全な地域に逃げて来た人々。

［就職(しゅうしょく)ー・ー選手団(せんしゅだん)］

* 例文

① 世界には多くの難民が存在している。

(세계에는 많은 난민이 존재하고 있다.)

② 難民申請を行ったが却下された。

(난민 신청을 했지만 각하되었다.)

4

経済/金融

経済

91. 経済【名】けいざい

社会生活を営むための物の生産・売買・消費などの活動。

[一成長(せいちょう)・一観念(かんねん)]

＊例文

① 経済の建て直しが必要だ。

(경제 재건이 필요하다.)

② 経済観念のない男とは結婚しない方がいい。

(경제관념이 없는 남자와는 결혼하지 않는 편이 좋다.)

需要

92. 需要【名】じゅよう

商品に対する購買力の裏付のある欲求。求めること。

[購買(こうばい)一]

＊例文

① 土地の需要が高まる。

(토지의 수요가 높아진다.)

② 需要を満たすだけの生産力が必要だ。

(수요를 충족시킬 만한 생산력이 필요하다.)

93. 供給【名】【動】きょうきゅう

供給

生産者が販売のため商品を市場に出すこと。必要に応じて物を与えること。

[―源(げん)]

* 例文

① 原材料の**供給**量を調査しなさい。

(원 재료의 공급량을 조사하시오.)

② 需要と**供給**のバランスをとる。

(수요와 공급의 균형을 맞춘다.)

---

94. 景気【名】けいき

景気

売買・取引などに表れた経済活動の状況。

[不(ふ)―・―変動(へんどう)]

* 例文

① 最近は**景気**が上向いてきた。

(최근에는 경기가 향상되었다.)

② **景気**の冷え込みが激しい。

(경기의 위축이 심하다.)

95. 好況/不況【名】こうきょう/ふきょう

景気が良いこと。
景気が悪いこと。

好況

不況

* 例文

① 好況の波に乗って、大企業は利益を上げた。

(호황의 여파를 타고, 대기업은 이익을 올렸다.)

② 不況で外食費をおさえる傾向にある。

(불황으로 외식비를 억제하는 경향이다.)

---

96. 自由【名】【形】じゆう

自由

他からの束縛を受けず、自分の思うままにふるまえること。

[―化(か)・―貿易(ぼうえき)]

* 例文

① 農産物輸入の自由化が進む。

(농산물 수입 자유화가 진행된다.)

② どうぞ御自由にお取りください。

(맘대로 가지세요.)

97. 資本【名】しほん

事業をするのに必要なお金・物品など。

[一家(か)・一主義(しゅぎ)]

＊例文

① 資本を投じて会社を作った。

(자본을 투자해서 회사를 세웠다.)

② 外国からの資本流入はその国の経済を左右する。

(외국으로부터의 자본 유입은 그 나라의 경제를 좌우한다.)

---

98. 企業【名】きぎょう

事業の企てをすること。生産・営利の目的で事業を経営すること。また、その経営体。

[大(だい)ー・中小(ちゅうしょう)ー・ー倫理(りんり)]

＊例文

① 年末になると、企業倒産が相次ぐ。

(연말이 되면, 기업 도산이 이어진다.)

② 日本経済の動向は大企業が支配している。

(일본 경제의 동향은 대기업이 지배하고 있다.)

経営

99. 経営【名】【動】けいえい

事業を営むこと。また、その運営のための仕組み。

[多角(たかく)ー・ー参加(さんか)]

＊例文

① 経営が軌道に乗り、事業を拡大する。

(경영이 궤도를 타서 사업을 확대한다.)

② 計画性がないのは、経営者として失格だ。

(계획성이 없는 것은, 경영자로서 실격이다.)

貿易

100. 貿易【名】【動】ぼうえき

外国と商業取引を行うこと。

[対外(たいがい)ー・ー風(ふう)]

＊例文

① アメリカの対日貿易赤字は解決の見通しがつかない。

(미국의 대일 무역적자는 해결 전망이 불투명하다.)

② 貿易会社に就職するためには、外国語は必須条件だ。

(무역회사에 취직하기 위해서는, 외국어는 필수 조건이다.)

101. 関税【名】かんぜい

関税

_{がいこく　　ゆにゅう　　しなもの　　　　　ぜいかん　ちょうしゅう　　ぜい}
外国から輸入する品物について、税関で 徴 収 する税。

［一率(りつ)］

* 例文

_{しこうひん　たか　かんぜい　　か}
① 嗜好品に高い**関税**を課す。
(기호품에 높은 관세를 부과한다.)

_{かんぜい　　ひ　　さ　　　　ゆにゅうひん　りゅうつう}
② **関税**を引き下げて輸入品が流通しやすくする。
(관세를 내려서 수입품을 유통하기 쉽게 한다.)

---

102. 輸出/輸入【名】【動】ゆしゅつ/ゆにゅう

輸出

輸入

_{がいこく　む　　さんぶつ　せいさんぎじゅつ　　おく　だ}
外国へ向けて産物・生産技術などを送り出すこと。
_{がいこく　　さんぶつ　か　い　　　　　せいど　　　　どうにゅう}
外国の産物を買い入れたり、制度などを導入したりすること。

［一品(ひん)・一超過(ちょうか)］

* 例文

_{にほんしゃ　せかいかっこく　　ゆしゅつ}
① 日本車は世界各国に**輸出**されている。
(일본 자동차는 세계 각국에 수출되고 있다.)

_{めいじじだい　せいようきんだいしそう　　ゆにゅう}
② 明治時代に西洋近代思想が**輸入**された。
(메이지시대에 서양 근대사상이 수입되었다.)

赤字

黒字

103. 赤字/黒字【名】あかじ/くろじ

支出が収入より多いこと。

収入が支出より多いこと。

［―財政(ざいせい)］

* 例文

① 今月は家計簿が赤字になった。

(이번 달은 가계부가 적자로 되었다.)

② 営業力を強化したら、黒字に転じた。

(영업력을 강화하자, 흑자로 바뀌었다.)

消費

104. 消費【名】【動】しょうひ

金・物・労力などを使ってなくすこと。

［個人(こじん)―・―量(りょう)］

* 例文

① 景気が上向いて消費が伸びてきた。

(경기가 향상되어 소비가 늘어났다.)

② 米の消費量が年々減っている。

(쌀 소비량이 해마다 줄고 있다.)

105. 統計【名】【動】とうけい

人・物などのある集団について、その特性を数値的に計って得られる指数。

［ー学（がく）］

* 例文

① 韓国の貿易統計をデータベースから引用した。

(한국의 무역통계를 데이터베이스에서 인용했다.)

② 米国の雇用統計は毎月第一金曜日に発表される。

(미국 고용 통계는 매월 첫 번째 금요일에 발표된다.)

金融

106. 金融【名】【動】きんゆう

金銭の融通。資金の需要・供給に関すること。

[住宅(じゅうたく)ー・ー緩和(かんわ)]

* 例文

① 政府は金融の緩和と引き締めで景気の調節を図る。

(정부는 금융의 완화와 긴축으로 경기의 조절을 꾀한다.)

② 消費者金融には十分気をつけよう。

(소비자 금융에는 최대한 주의하자.)

財政

107. 財政【名】ざいせい

国家や地方公共団体が収入・支出をする経済行為。または、会社・団体・家の経済状態。

[国家(こっか)ー・ー難(なん)]

* 例文

① 国家財政を立て直さなければならない。

(국가재정을 재정비하지 않으면 안 된다.)

② 財政難のため、プロ野球球団が売りに出された。

(재정난 때문에 프로야구단이 매각에 내놓아졌다.)

物価

108. 物価【名】ぶっか

物の値段。物品の市価。

［一高(だか)・一指数(しすう)］

＊例文

① 物価を抑える政策が求められる。

（물가를 억제하는 정책이 요구된다.）

② ここ数年、韓国は物価が上がる一方だ。

（요 몇 년 사이, 한국은 물가가 오르고만 있다.）

通貨

109. 通貨【名】つうか

法律の定めによって一国内に流通する貨幣。

［一統合(とうごう)］

＊例文

① 日本の通貨は円である。

（일본의 통화는 엔이다.）

② ヨーロッパでは通貨統合により、ユーロが誕生した。

（유럽에서는 통화 통합에 의해 유로화가 탄생했다.）

円高

円安

110. 円高/円安【名】えんだか/えんやす

為替相場で日本の円の相場が外国の通貨の相場に対して、それま
でより高くなること。または、安くなること。

[一傾向(けいこう)]

＊例文

① 円高で安い輸入品が大量に入ってくる。

(엔고로 싼 수입품이 대량으로 들어온다.)

② 輸出産業が円安のため打撃を受ける。

(수출산업이 엔화가 싸져서 타격을 받는다.)

市場

111. 市場【名】しじょう

売り手と買い手とが規則的に出会って取引を行う組織。

[金融(きんゆう)ー・ー調査(ちょうさ)]

＊例文

① 市場の動向を見て、日銀は公定歩合を引き下げ

た。

(시장의 동향을 보고 일본 은행은 공정 금리를 내렸다.)

② 新しい商品の開発には市場調査が前提になる。

(새로운 상품 개발에는 시장조사가 전제가 된다.)

為替

112. 為替【名】かわせ

現金を送る代わりに、手形・小切手・証書などで金銭の受け渡し
を済ませる方法。また、その手形などの総称。

[－相場(そうば)・－管理(かんり)]

* 例文

① 為替相場の変動に注目する。
(외환시세의 변동에 주목한다.)

② 海外へは外国為替で送金する。
(해외로는 외국환으로 송금한다.)

両替

113. 両替【名】【動】りょうがえ

ある貨幣を同価値の他の種類の貨幣と交換すること。

[外貨(がいか)－・－機(き)]

* 例文

① 100ドルを韓国ウォンに両替した。
(100달러를 한국 원으로 환전했다.)

② このバスはつり銭が出ませんので、両替機をご
利用ください。
(이 버스는 거스름 돈이 나오지 않으니 동전 교환기를 이용해

주시기 바랍니다.)

株価

114. 株価【名】かぶか

_{しょうけんしじょう} _{ばいばい} _{かぶしき} _{かかく} _{できだか}
証券市場で売買される株式の価格、出来高。

［日経平均(にっけいへいきん)－・－指数(しすう)］

＊例文

_{かぶか} _{まんえん} _{おおだい} _{たっ}
① 株価が2万円の大台に達した。

(주가가 2만엔 대에 달했다.)

_{きのう} _{かぶかげらく} _{ともな} _{きょう} _{とりひき} _{ていめい}
② 昨日の株価下落に伴い、今日の取引は低迷だった。

(어제의 주가 하락과 함께 오늘 거래는 저조했다.)

証券

115. 証券【名】しょうけん

_{かぶけん} _{こうしゃさいけん} _{ざいさんほうじょう} _{けんり} _{ぎむ} _{きさい}
株券・公社債権など、財産法上の権利・義務について記載した
_{かみかた}
紙片。

［－会社(かいしゃ)・－取引所(とりひきじょ)］

＊例文

_{しょうけんかいしゃ} _{かぶしき} _{はっこう} _{てすうりょう} _と
① 証券会社は株式を発行して手数料を取る。

(증권회사는 주식을 발행하여 수수료를 취한다.)

_{しんぶん} _{しょうけん} _{かぶしきじょうほう} _{まいにちよ}
② 新聞で証券アナリストの株式情報を毎日読んで

いる。

(신문에서 증권 분석가의 주식 정보를 매일 읽고 있다.)

資金

116. 資金【名】しきん

事業を起こしたり、続けたりするために充当するお金。元手。

[育英(いくえい)ー・ー繰(ぐ)り]

＊例文

① 資金を貯めて、小さな店をオープンした。

(자금을 모아 작은 가게를 열었다.)

② この不況では資金繰りが困難だ。

(이 불황에서는 자금 마련이 어렵다.)

投資

117. 投資【名】【動】とうし

利益を見込んで事業に資本を出すこと。

[海外(かいがい)ー・ー家(か)]

＊例文

① 個人の投資家が所有する株式は、銀行や企業に比べて少ない。

(개인 투자가가 소유하는 주식은 은행과 기업에 비해 적다.)

② 友人の新しい事業に投資をして失敗した。

(친구의 새로운 사업에 투자를 해서 실패했다.)

収支

118. 収支【名】しゅうし

収入と支出。

［貿易(ぼうえき)ー・ー決算(けっさん)］

* 例文

① 今年度の貿易**収支**は黒字に転じた。

(금년도의 무역수지는 흑자로 돌아섰다.)

② 日本での**収支**決算は、普通三月期に行う。

(일본에서의 수지결산은, 보통 3월기에 한다.)

利益

119. 利益【名】りえき

都合がよかったり役に立ったりすること。儲けたもの。得。

［純(じゅん)ー］

* 例文

① 下半期にはようやく**利益**があがった。

(하반기에는 겨우 이익이 올랐다.)

② この提案は両国の**利益**にかなうはずだ。

(이 제안은 양국의 이익에 부합될 것이다.)

利子

120. 利子【名】りし

お金を貸したり預けたりすることによって得られる金銭。元金に
対して一定の割合で支払われる。

［無(む)－］

* 例文

① 借りたお金には利子をつけて返す。

(빌린 돈에는 이자를 붙여서 돌려준다.)

② 銀行の普通預金の利子はほとんど0パーセント

だ。

(은행의 보통예금 이자는 거의 0%다.)

5

産業/労働

産業

121. 産業【名】さんぎょう

生産に従事ずる事業。

[―革命(かくめい)・―構造(こうぞう)]

* 例文

① 常に、新しい産業を育成しなければならない。

(항상 새로운 산업을 육성하지 않으면 안 된다.)

② 戦後、産業構造が変わった。

(전후 산업구조가 바뀌었다.)

生産

122. 生産【名】【動】せいさん

人間生活に必要な品物を作り出すこと。

[―者(しゃ)・―地(ち)]

* 例文

① コストを引き下げ、生産性を高める。

(코스트를 내리고 생산성을 높인다.)

② 自動車部品の生産地を東南アジアに移した。

(자동차부품 생산지를 동남아시아로 옮겼다.)

123. 自給【名】【動】じきゅう

自分に必要な物資を自分の力で自分の手もとで作り出してまかなうこと。

［－自足(じそく)・－率(りつ)］

＊ 例文

① 日本の食糧自給率はかなり低い。
(일본의 식량자급률은 꽤 낮다.)

② 都会を離れ、自給自足の生活にあこがれる。
(도시를 떠나 자급자족의 생활을 동경한다.)

---

124. 農産/水産【名】のうさん/すいさん

農業によって作られる生産物。

海・川・湖 など水中から産すること。また、その産物。

［－物(ぶつ)・－加工品(かこうひん)］

＊ 例文

① 農産物の輸入自由化は日本の農業に深刻な問題を与える。
(농산물의 수입 자유화는 일본농업에 심각한 문제를 안겨준다.)

② 缶詰などの水産加工品がこの町の主要産業だ。
(통조림 등의 수산 가공품이 이 도시의 주요 산업이다.)

製造

125. 製造【名】【動】せいぞう

原料を加工して商品となる物品や機械をつくること。

［一業(ぎょう)・一元(もと)］

＊例文

① 大型テレビの**製造**では韓国メーカーがトップシェアを誇る。

(대형 텔레비전 제조에서는 한국 메이커가 톱 쉐어를 차지하고 있다.)

② パッケージに**製造**元が明記されている。

(포장지에 제조원이 명기되어 있다.)

製品

126. 製品【名】せいひん

原料や材料を加工して大量に作られた商品。

［新(しん)一・外国(がいこく)一］

＊例文

① 各メーカーは自社**製品**の良さを宣伝する。

(각 메이커는 자사 제품의 좋은 면을 선전한다.)

② 毎年10月に新**製品**の発表を行う。

(매년 10월에 신제품 발표를 한다.)

商品

127. 商品【名】しょうひん

売るために作られた、陳列された物。

[一価値(かち)・一券(けん)]

* 例文

① 新しい**商品**開発を行う。

(새로운 상품 개발을 한다.)

② 雑種犬は**商品**価値がない。

(잡종견은 상품 가치가 없다.)

流通

128. 流通【名】【動】りゅうつう

通貨・手形・証券などが広く世間に通用すること。滞ることなく流れ通うこと。

[一機構(きこう)・一経路(けいろ)]

* 例文

① **流通**システムを組織化する。

(유통 시스템을 조직화한다.)

② この建物は空気の**流通**が悪い。

(이 건물은 공기 유동이 나쁘다.)

販売

129. 販売【名】【動】はんばい

商品などを売りさばくこと。

[通信(つうしん)ー・ー元(もと)]

* 例文

① 販売促進のため街頭で宣伝する。
(판매 촉진을 위해 길거리에서 선전한다.)

② 通信販売は忙しい人にとって便利な方法だ。
(통신판매는 바쁜 사람에게 있어 편리한 방법이다.)

宣伝

130. 宣伝【名】【動】せんでん

そのものの存在・良さなどを大衆に分かるように説明して広めていくこと。

[自己(じこ)ー・ー文句(もんく)]

* 例文

① SNSを使って新製品を宣伝する。
(SNS를 이용해 신제품을 선전한다.)

② 派手な宣伝につられて、いらないものを買ってしまった。
(화려한 선전에 끌려 필요없는 것을 사버렸다.)

経費

131. 経費【名】けいひ

そのことを行(おこな)うのに必要(ひつよう)な、いつも決(き)まってかかる費用(ひよう)。

[必要(ひつよう)－・－削減(さくげん)]

＊例文

① 海外出張(かいがいしゅっちょう)には相当(そうとう)の**経費(けいひ)**がかかる。

(해외 출장에는 상당한 경비가 든다.)

② 官公庁(かんこうちょう)の**経費削減(けいひさくげん)**が必要(ひつよう)だ。

(관공서의 경비 삭감이 필요하다.)

価格

132. 価格【名】かかく

値段(ねだん)のこと。

[販売(はんばい)－・－競争(きょうそう)]

＊例文

① 商品(しょうひん)の**価格(かかく)**は需要(じゅよう)と供給(きょうきゅう)の関係(かんけい)で決(き)まる。

(상품의 가격은 수요와 공급의 관계에서 결정된다.)

② さまざまな商品(しょうひん)で**価格競争(かかくきょうそう)**が著(いちじる)しい。

(여러 상품에서 가격경쟁이 현저하다.)

<table>
<tr><td>

売上

</td><td>

133. 売上【名】うりあげ

いっていきかんしょうひんうかね そうがくうりあげきん
一定期間に商品などを売ったお金の総額。売上金。

[―金(きん)・―高(だか)]

</td></tr>
</table>

* 例文

① スーパーよりもコンビニの**売上**が伸びている。
(수퍼마켓보다도 편의점의 매상이 늘고 있다.)

② 今年度の**売上**高は3億円を見込んでいる。
(금년도 매상고는 3억 엔을 예상하고 있다.)

<table>
<tr><td>

合併

</td><td>

134. 合併【名】【動】がっぺい

ふた いじょうとく そしきひと あ
二つ以上のもの、特に組織などが一つに合わさること。

[吸収(きゅうしゅう)―・―症(しょう)]

</td></tr>
</table>

* 例文

① 大手二社が**合併**するニュースに驚いた。
(두 대기업이 합병한다는 뉴스에 놀랐다.)

② 糖尿病の**合併**症について、正しい理解が不可欠だ。
(당뇨병 합병증에 대해 올바른 이해가 필수불가결하다.)

135. 倒産【名】【動】とうさん

倒産

きぎょう　けいえいしきん
企業が経営資金のやりくりがつかなくなってつぶれること。

［連鎖（れんさ）ー・計画（けいかく）ー］

＊ 例文

きぎょう　　とうさんすんぜん　　　　　　しんぶんほうどう
① その企業は**倒産**寸前だという新聞報道があった。

（그 기업은 도산 직전이라는 신문보도가 있었다.）

とうさんけんすう　　ぜんねん　　したまわ
② **倒産**件数が前年を下回った。

（도산 건수가 전년도를 밑돌았다.）

労働

136. 労働【名】【動】ろうどう

賃金・報酬を得るために、体力や知力を使って働くこと。

[肉体(にくたい)ー・時間外(じかんがい)ー・ー者(しゃ)]

* 例文

① 少子化で**労働**人口が低下する。

(저출산화로 노동인구가 저하한다.)

② **労働**する喜びを実感できない若者が多い。

(노동하는 즐거움을 실감하지 못하는 젊은이가 많다.)

職業

137. 職業【名】しょくぎょう

生活を支える手段としての仕事。職。

[ー意識(いしき)・ー病(びょう)]

* 例文

① 人間には**職業**選択の自由がある。

(인간에게는 직업 선택의 자유가 있다.)

② その欄にはあなたの**職業**を書いてください。

(그 난에는 당신의 직업을 써주세요.)

社員

138. 社員【名】しゃいん

会社の従業員。会社員。

［正(せい)ー・契約(けいやく)ー・派遣(はけん)ー］

* 例文

① 同じ社員でも、正社員の方が優遇されている。

(같은 사원이라도 정사원 쪽이 대우받고 있다.)

② 社員研修で大阪に1ヶ月滞在したことがある。

(사원 연수로 오사카에 1개월 머문 적이 있다.)

求人

139. 求人【名】きゅうじん

その職場で働く人を探し求めること。

［ー広告(こうこく)］

* 例文

① 高卒の求人が減っている。

(고졸 구인이 감소하고 있다.)

② アルバイトをしたいので、ネットで求人情報を見た。

(아르바이트를 하고 싶어서 인터넷으로 구인 정보를 찾아봤다.)

雇用

140. 雇用【名】【動】こよう

<ruby>雇<rt>やと</rt></ruby>うこと。

［正規(せいき)ー・ー主(ぬし)］

＊ 例文

① <ruby>男女<rt>だんじょ</rt></ruby>の<ruby>雇用<rt>こよう</rt></ruby>条件は<ruby>平等<rt>びょうどう</rt></ruby>でなければならない。
(남녀의 고용조건은 평등하지 않으면 안 된다.)

② <ruby>終身<rt>しゅうしん</rt></ruby><ruby>雇用<rt>こよう</rt></ruby><ruby>制<rt>せい</rt></ruby>は、<ruby>今<rt>いま</rt></ruby>や<ruby>過去<rt>かこ</rt></ruby>の<ruby>労働形態<rt>ろうどうけいたい</rt></ruby>である。
(종신고용제는 이미 과거의 노동 형태다.)

解雇

141. 解雇【名】【動】かいこ

<ruby>雇<rt>やと</rt></ruby>っていた<ruby>人<rt>ひと</rt></ruby>を<ruby>雇<rt>やと</rt></ruby>い<ruby>主<rt>ぬし</rt></ruby>の<ruby>都合<rt>つごう</rt></ruby>でやめさせること。

［不当(ふとう)ー・ー予告(よこく)］

＊ 例文

① <ruby>経済不況<rt>けいざいふきょう</rt></ruby>の<ruby>時<rt>とき</rt></ruby>には<ruby>解雇<rt>かいこ</rt></ruby>が<ruby>増<rt>ふ</rt></ruby>え、<ruby>労働争議<rt>ろうどうそうぎ</rt></ruby>が<ruby>多<rt>おお</rt></ruby>くなる。
(경제 불황 시에는 해고가 늘고 노동쟁의가 많아진다.)

② リストラにより<ruby>解雇<rt>かいこ</rt></ruby>された。
(정리해고로 해고되었다.)

失業

142. 失業【名】【動】しつぎょう

生計のための職業を失うこと、または、その職業を得られないこと。

[―者(しゃ)・―保険(ほけん)]

＊例文

① 現在、日本の失業率は3パーセント前後を推移している。

(현재 일본의 실업률은 3% 전후로 바뀌고 있다.)

② 政府は失業対策に多くの予算を組むべきだ。

(정부는 실업 대책에 많은 예산을 편성해야 한다.)

転勤

143. 転勤【名】【動】てんきん

同じ官庁、会社の内部で、勤務する場所が変わること。

[―族(ぞく)]

＊例文

① 福岡支店に転勤が決まった。

(후쿠오카 지점으로 전근이 정해졌다.)

② 来月、転勤する課長の送別会を行った。

(다음 달 전근할 과장의 송별회를 하였다.)

出張

144. 出張【名】【動】しゅっちょう

仕事をするために勤務先以外の所に行くこと。

[―先(さき)・―旅費(りょひ)]

＊ 例文

① 部長から、大坂へ出張を命じられた。

(부장님에게 오사카로 출장을 명령받았다.)

② 北京へ二泊三日で出張する。

(베이징에 2박3일로 출장간다.)

残業

145. 残業【名】【動】ざんぎょう

規定時間後まで残って労働すること。また、その仕事。

[サービス―・―手当(てあて)]

＊ 例文

① ほとんど毎日残業がある。

(거의 매일 잔업이 있다.)

② サービス残業を従業員にさせるのは違法である。

(종업원에게 서비스 잔업을 시키는 것은 위법이다.)

休暇

146. 休暇【名】きゅうか

会社・官庁・学校などで認められた、休日以外の休み。

［夏季(かき)ー・有給(ゆうきゅう)ー］

* 例文

① 今年も有給休暇が残ってしまった。

(올해도 유급휴가가 남아버렸다.)

② 男性も積極的に育児休暇をとってほしい。

(남성들도 적극적으로 육아 휴가를 받았으면 한다.)

出生

147. 賃金【名】ちんぎん

労力を提供した者が報酬として受け取るお金。

［ー格差(かくさ)・ーカット］

* 例文

① 1時間当たりの賃金が思ったよりも高くて驚いた。

(시간당의 임금이 생각보다 높아서 놀랐다.)

② 低賃金でも我慢して働かなければならない。

(저임금이라도 참고 일해야 한다.)

148. 給料【名】きゅうりょう

_{ろうどう} _{ほうしゅう} _{こようぬし} _{しはら} _{かね}
労働の報酬として雇用主から支払われるお金。

[一日(び)]

* 例文

_{きゅうりょう} _{まいつき} _{ぎんこう} _ふ _こ
① 給料は、毎月、銀行に振り込まれる。

(급료는 매월 은행에 입금된다.)

_{わたし} _{かいしゃ} _{きゅうりょう} _び _{にち}
② 私の会社の給料日は25日だ。

(우리 회사 봉급날은 25일이다.)

---

149. 手当【名】【動】てあて

_{ろうどう} _{ほうしゅう} _{しはら} _{かね} _{きほん} _{ちんぎん}
労働の報酬として支払われるお金。また、基本の賃金のほかに
_{しょひよう} _{しはら} _{かね} _{びょうき} _{しょち}
諸費用として支払われるお金。病気やけがの処置をすること。

[家族(かぞく)ー・応急(おうきゅう)ー]

* 例文

_{たんしんふにん} _{てあて}
① 単身赴任には手当がつくそうだ。

(단신 부임에는 수당이 붙는다고 한다.)

_{しょてあて} _{ふく} _{きゅうよきんがく} _{おし}
② 諸手当を含まない給与金額を教えてください。

(제수당을 포함하지 않은 급여 금액을 알려 주십시오.)

150. 組合【名】くみあい

目的や利害を同じくする人々が出資し合い、共同の事業のため
に協力し合う組織。

［労働(ろうどう)ー・ー運動(うんどう)］

＊例文

① 彼は**組合**運動に熱心だ。

(그는 조합 운동에 열심이다.)

② 大学には生活協同**組合**(生協)があり、書籍などが
安く買える。

(대학에는 생활 협동조합이 있어 서적 등을 싸게 살 수 있다.)

6

交通/情報

交通

151. 交通【名】【動】こうつう

人や乗り物が道路や線路などを通って、行ったり来たりすること。

[ー安全(あんぜん)・ー違反(いはん)・ー網(もう)]

＊ 例文

① 家から学校まで交通の便がいい。

(집에서 학교까지 교통편이 좋다.)

② 大都会の交通機関の改善が必要だ。

(대도시 교통기관의 개선이 필요하다.)

輸送

152. 輸送【名】【動】ゆそう

まとまった量の物・人を運ぶこと。

[ー機関(きかん)・ー量(りょう)]

＊ 例文

① 効率的な輸送計画を提出してください。

(효율적인 수송 계획을 제출해 주세요.)

② 大型輸送船が神戸港に到着した。

(대형 운송선이 고베항에 도착했다.)

貨物

153. 貨物【名】かもつ

運搬・輸送する荷物。

[一列車(れっしゃ)・一船(せん)]

＊例文

① 国内の**貨物**輸送の9割はトラックが占める。

(국내 화물수송의 9할은 트럭이 차지한다.)

② **貨物**列車が通過しますので、お気をつけください。

(화물열차가 통과하니 조심하세요.)

鉄道

154. 鉄道【名】てつどう

レールの上に車両を走らせ、人・荷物を運ぶ運輸機関の総称。また、その設備。

[一網(もう)・一車両(しゃりょう)]

＊例文

① **鉄道**は重要な交通機関だ。

(철도는 중요한 교통기관이다.)

② 日本は全国隅々まで**鉄道**網が張り巡らされている。

(일본은 전국 구석구석까지 철도망이 뻗어있다.)

新幹線

155. 新幹線【名】しんかんせん

高速で主要都市間を結ぶJRの鉄道。

[東海道(とうかいどう)ー・ー通勤(つうきん)]

＊ 例文

① 東京から大阪まで、**新幹線**では2時間半で行ける。

(도쿄에서 오사카까지 신칸센으로는 2시간 반에 갈 수 있다.)

② 東京近県から**新幹線**通勤をしている人も多い。

(도쿄 부근 현에서 신칸센 통근을 하고 있는 사람도 많다.)

地下鉄

156. 地下鉄【名】ちかてつ

都市などで、地下にトンネルを掘り、そこに敷設した鉄道。メトロ。

＊ 例文

① スマートフォンの**地下鉄**路線図はとても便利だ。

(스마트 폰의 지하철 노선도는 매우 편리하다.)

② **地下鉄**銀座線の三越前で降りてください。

(지하철 긴자선 미쓰코시 앞에서 내리세요.)

157. 航空【名】こうくう

航空機で空中を飛行すること。

［ー会社(かいしゃ)・ー写真(しゃしん)]

航空

* 例文

① 効率が優先され、**航空**機の安全が二番目になって

いる。

(효율이 우선이고 항공기 안전이 두 번째로 되어 있다.)

② **航空**会社への就職は人気がある。

(항공 회사의 취직은 인기가 있다.)

158. 運賃【名】うんちん

旅客・貨物の運送料金。

［航空(こうくう)ー・格安(かくやす)ー]

運賃

* 例文

① 一年のうちに3回も地下鉄**運賃**が上がった。

(일년 중에 3번이나 지하철 운임이 올랐다.)

② 格安**運賃**はいくらですか。

(아주 싼 운임은 얼마입니까?)

159. 往復/片道【名】おうふく/かたみち

往復

片道

行って再び戻ること。行きと帰り。
行きか帰りかのどちらか一方。

［－切符(きっぷ)］

＊例文

① 毎日が家と会社の往復だけだ。
(매일이 집과 회사의 왕복뿐이다.)

② 片道2時間の道のりはあまりに遠い。
(편도 2시간의 거리는 너무 멀다.)

---

160. 乗客【名】じょうきゃく

乗客

乗り物に乗る、乗っている客。

［－名簿(めいぼ)］

＊例文

① 電車やバスの乗客のマナーが悪すぎる。
(전차나 버스 승객의 매너가 너무 나쁘다.)

② 乗客名簿には彼の名前がなかった。
(승객 명부에는 그의 이름이 없었다.)

道路

161. 道路【名】どうろ

人や車などの通行する道。

[高速(こうそく)ー・ー標識(ひょうしき)]

* 例文

① 高速道路で行けば、1時間で着くだろう。。
(고속도로로 가면 1시간 안에 도착할 것이다.)

② 家の前の道路工事がなかなか終わらない。
(집 앞 도로공사가 좀처럼 끝나지 않는다.)

渋滞

162. 渋滞【名】【動】じゅうたい

物事がスムーズに進まず、仕事・物・人がつかえること。

[交通(こうつう)ー]

* 例文

① 事務が渋滞して、予定の仕事が終わらなかった。
(사무가 밀려 예정된 일이 끝나지 않았다.)

② 週末の夕方は交通渋滞に巻き込まれる。
(주말 저녁은 교통 체증에 말려든다.)

自動車

163. 自動車【名】じどうしゃ

エンジンの力（ちから）で車輪（しゃりん）を動（うご）かし、路上（ろじょう）を走（はし）る車（くるま）。

[電気（でんき）ー・ー免許（めんきょ）・ー部品（ぶひん）・]

＊例文

① 学生（がくせい）のうちに**自動車**免許（じどうしゃめんきょ）を取得（しゅとく）しておいたほうがいい。

(학생일 때 자동차면허를 취득해 두는 편이 좋다.)

② **自動車**製造（じどうしゃせいぞう）には数万点（すうまんてん）もの部品（ぶひん）が必要（ひつよう）であり、巨大産業（きょだいさんぎょう）を形成（けいせい）する。

(자동차 제조에는 수만 개의 부품이 필요하므로 거대 산업이 형성된다.)

運転

164. 運転【名】【動】うんてん

乗り物（のもの）や機械（きかい）を操作（そうさ）して走（はし）らせること。資金（ちんぎん）を活用（かつよう）すること。

[自動（じどう）ー・ー手（しゅ）・ー資金（しきん）]

＊例文

① 子供（こども）の頃（ころ）、僕（ぼく）の夢（ゆめ）はバスの**運転**手（うんてんしゅ）になることだった。

(어렸을 때 나의 꿈은 버스 운전 기사가 되는 것이었다.)

② 高齢者（こうれいしゃ）の**運転**免許自主返納（うんてんめんきょじしゅへんのう）が推進（すいしん）されている。

(고령자의 운전면허 자진반납이 추진되고 있다.)

駐車

165. 駐車【名】【動】ちゅうしゃ

自動車などをかなりの時間とめておくこと。

［―場(じょう)・―禁止(きんし)］

* 例文

① このアパートには**駐車**場はありますか。

(이 아파트에는 주차장은 있습니까?)

② ここは**駐車**禁止 です。

(여기는 주차금지입니다.)

情報

166. 情報【名】じょうほう

ある事柄に関して伝達・入手されるデータの内容。

[気象(きしょう)ー・ー化社会(かしゃかい)]

＊例文

① インターネットなどの**情報**手段を活用する。

(인터넷 등의 정보 수단을 활용한다.)

② IT社会では個人**情報**の保護が重要だ。

(IT사회에서는 개인 정보 보호가 중요하다.)

通信

167. 通信【名】【動】つうしん

情報を交換し、連絡をとること。

[ー教育(きょういく)・ー衛星(えいせい)]

＊例文

① ネット**通信**の普及と拡大によって、社会は大きく変わった。

(인터넷통신 보급과 확대에 의해 사회는 크게 바뀌었다.)

② **通信**教育で保育士の資格をとった。

(통신교육으로 보육사 자격을 땄다.)

報道

168. 報道【名】【動】ほうどう

新聞・テレビ・ラジオなどのマスメディアがニュースを知らせること。ニュース。

［ー声明（せいめい）・一陣（じん）］

＊例文

① プライバシーをめぐって報道のあり方が問題になった。

（프라이버시 침해를 둘러싸고 보도 태도가 문제시 되었다.）

② 現地からの報道によれば、大きな被害が出たようだ。

（현지 보도에 의하면 큰 피해가 난 것 같다.）

記事

169. 記事【名】きじ

新聞・雑誌の中で、報道を主とした文章。

［三面（さんめん）ー］

＊例文

① 新聞によって記事の扱い方が違う。

（신문에 따라 기사의 취급 방법이 나르다.）

② 事件や事故のニュースは三面記事である。

（사건과 사고 뉴스는 삼면기사다.）

記録

170. 記録【名】【動】きろく

後まで伝える必要のある事例を書き記すこと。その書き記したもの。

［世界(せかい)ー・ー映画(えいが)］

* 例文

① この裁判を記録に残すことは我々の責任だ。
(이 재판을 기록에 남기는 것은 우리들의 책임이다.)

② 世界記録が破られるのも時間の問題だ。
(세계기록이 깨지는 것도 시간문제다.)

出版

171. 出版【名】【動】しゅっぱん

文書・絵画などを印刷して世間に広めること。

［自費(じひ)ー・ー社(しゃ)］

* 例文

① 新しい美術全集の出版が待たれる。
(새로운 미술 전집 출판이 기다려진다.)

② 自費出版にはお金がかかる。
(자비출판에는 돈이 든다.)

印刷

172. 印刷【名】【動】いんさつ

文字・絵・写真などから成る版を利用して、紙・布などに同一物を
たくさん刷ること。

[活版(かっぱん)ー・一物(ぶつ)]

＊例文

① 今度のテキストはカラー印刷にしよう。
(이번 텍스트는 칼라인쇄로 하자.)

② 私のイラストを印刷してカードを作った。
(나의 일러스트를 인쇄하여 카드를 만들었다.)

放送

173. 放送【名】【動】ほうそう

ラジオ・テレビで電波に乗せてさまざまな番組を送ること。

[生(なま)ー・一局(きょく)]

＊例文

① アメリカ大リーグの実況放送を担当した。
(미국 메이저리그의 실황방송을 담당했다.)

② NHK放送局に見学に行った。
(NHK방송국에 견학하러 갔다.)

広告

174. 広告【名】【動】こうこく

有料の媒体を使って商品・サービス・事業などの内容を宣伝すること。

［新聞(しんぶん)－・－収入(しゅうにゅう)］

＊例文

① 新聞の求人募集広告を見て、電話をした。
(신문의 구인 모집 광고를 보고 전화를 했다.)

② ネット広告を見たくない人はブロック機能を使用
すればよい。
(인터넷 광고를 보고 싶지 않은 사람은 차단 기능을 사용하면
된다.)

電子

175. 電子【名】でんし

素粒子の一つ。物質を構成する最小の帯電粒子。電気回路やコンピューターで働く仕組みになっていること。

［－書籍(しょせき)・－マネー］

＊例文

① カードや携帯電話に決済機能を持たせた電子マネー
ーはとても便利だ。
(카드나 핸드폰에 결제 기능을 더한 전자머니는 매우 편리하다.)

② 小さな病院では電子カルテの普及が遅れている。
(작은 병원에서는 전자 진료 기록 보급이 늦어지고 있다.)

認証

176. 認証【名】【動】にんしょう

何かによって、対象の正当性を確認する行為。コンピューターや
ネットワークシステムを利用する際に必要な本人確認のこと。

[本人(ほんにん)ー・生体(せいたい)ー]

＊例文

① 認証IDとパスワードがわからない場合の対処方
法をご案内します。
(인증 ID와 비밀번호를 모르는 경우의 대처 방법을 안내해
드리겠습니다.)
② 日本の空港では指紋と顔を用いた生体認証システ
ムを導入している。
(일본 공항에서는 지문과 얼굴을 이용한 생체인증시스템이
도입되어 있다.)

送信

受信

177. 送信/受信【名】【動】そうしん/じゅしん

電気的な方法で通信を送ること。
他からの通信を受け取ること。

[一機(き)・一料(りょう)]

＊例文

① 友人にメールを送信した。
(친구에게 메일을 송신했다.)
② 放送衛星からデジタル放送を受信する。
(방송위성으로부터 디지털 방송을 수신한다.)

検索

178. 検索【名】【動】けんさく

調べて探し出すこと。インターネットに存在する情報を検索する機能とそのプログラム。

[情報(じょうほう)ー・ーエンジン]

＊例文

① 必要な情報を**検索**した。

(필요한 정보를 검색했다.)

② **検索**エンジンの大手はGoogle（グーグル）や

Yahoo!（ヤフー）である。

(검색엔진의 대기업은 구글과 야후다.)

投稿

179. 投稿【名】【動】とうこう

新聞・雑誌などに掲載してもらうために原稿を送ること。インターネット上の決められた場所で、文章・画像・動画を公開すること。

[動画(どうが)ー・ー欄(らん)]

＊例文

① 動画を撮影してインターネット上に**投稿**することが人気だ。

(동영상을 촬영하여 인터넷상에 투고하는 것이 인기다.)

② 新聞に川柳を**投稿**して掲載されたことがある。

(신문에 센류를 투고해 게재된 적이 있다.)

掲示板

180. 掲示板【名】けいじばん

インターネット上で、記事を書き込んだり、閲覧したり、コメントをつけられる仕組みのこと。

［電子(でんし)ー］

* 例文

① ネットの**掲示板**には、他人への非難や中傷が多くてうんざりする。

(인터넷 게시판에는 타인에 대한 비난이나 험담이 많아 식상하다.)

② **掲示板**に意見や情報を投稿することを「書き込み」と言う。

(게시판에 의견이나 정보를 투고하는 것을 '글쓰기' 라고 한다.)

7

科学/環境

科学

181. 科学【名】かがく

いっていりょういき たいしょう きゃっかんてき ほうほう けいとうてき けんきゅう かつどう
一定領域の対象を客観的な方法で系統的に研究する活動。ま
せいか ないよう とく しぜんかがく おお
た、その成果の内容。特に自然科学をさすことが多い。

［一技術(ぎじゅつ)・一者(しゃ)］

＊例文

かがく しんぽ じんるい せいかつ か
① 科学の進歩は人類の生活を変えた。

(과학의 진보는 인류의 생활을 바꿨다.)

じんぶんかがく しゃかいかがく けんきゅうほうほう おな
② 人文科学と社会科学の研究方法は同じではない。

(인문과학과 사회과학의 연구 방법은 같지 않다.)

観察

182. 観察【名】【動】かんさつ

じぶつ げんしょう しぜん じょうたい きゃっかんてき み
事物の現象を自然の状態のまま客観的に見ること。

［野外(やがい)一・一眼(がん)］

＊例文

けんびきょう せいぶつ そしき かんさつ
① 顕微鏡で生物の組織を観察する。

(현미경으로 생물의 조직을 관찰한다.)

まち ある ひと かんさつ
② 街を歩く人を観察するのもおもしろい。

(거리를 걷는 사람을 관찰하는 것도 재미있다.)

実験

183. 実験【名】【動】じっけん

理論や仮説で考えられたことが実際の場合に当てはまるかどう
か を、いろいろな条件下で試してみること。

[動物(どうぶつ)ー・ー台(だい)]

* 例文

① **実験**した結果をレポートにして提出すること。
(실험한 결과를 보고서로 작성하여 제출할 것.)

② 来週の化学の授業は**実験**室で行います。
(다음 주 화학 수업은 실험실에서 합니다.)

理論

184. 理論【名】りろん

個々ばらばらの事柄を法則的・統一的に説明するため、また、
認識を発展させるために筋道をつけて組み立てたもの。

[ーづけ・ー家(か)]

* 例文

① **理論**ではそう言えても、実際にそうなるとは限ら
ない。
(이론으로는 그렇게 말할 수 있어도 실제로 그렇게 된다고는

볼 수 없다.)

② アインシュタインは相対性**理論**を考え出した。
(아인슈타인은 상대성이론을 생각해냈다.)

技術

185. 技術【名】ぎじゅつ

科学の原理を産業や医療・事務などの活動に役立てて、ものを生
産したりする仕方・技。

［－開発(かいはつ)・－革新(かくしん)］

＊例文

① 技術を身につけるため、専門学校に入学したい。
(기술을 몸에 익히기 위해 전문학교에 입학하고 싶다.)

② レオナルド・ダ・ヴィンチは技術者でもあった。
(레오나르도 다빈치는 기술자이기도 했다.)

開発

186. 開発【名】【動】かいはつ

山林や原野を切り開いて、宅地・道路・空港・工場やリゾートな
ど、人間生活に直接役立つ用途に当てること。研究などを進めて
実用化すること。

［研究(けんきゅう)－・リゾート－］

＊例文

① 山地を開発して、リゾートタウンを作る計画だ。
(산지를 개발하여 리조트 타운을 건설할 계획이다.)

② 新製品の開発が進んでいる。
(신제품 개발이 진행되고 있다.)

原子力

187. 原子力【名】げんしりょく

プルトニウムなどの原子核が分裂する際のエネルギー。

[―発電(はつでん)・―爆弾(ばくだん)]

＊例文

① 原子力の平和利用を推進する。

(원자력의 평화이용을 추진한다.)

② 東京電力福島原子力発電所の事故を検証する。

(도쿄전력 후쿠시마 원자력발전소 사고를 검증한다.)

放射能

188. 放射能【名】ほうしゃのう

物質から放射線が放出される性質。

[―漏(も)れ]

＊例文

① 放射能漏れにより、土地が汚染されてしまった。

(방사능 누출로 토지가 오염되어 버렸다.)

② 放射能を持つ物質はさまざまな医療分野に利用

されている。

(방사능을 가진 물질은 여러 의료 분야에 이용되고 있다.)

189. 人工【名】じんこう

人間が作り出すこと。また、自然のものに人間の手が加えられる
こと。

[－知能(ちのう)・－芝(しば)]

* 例文

① 将棋や囲碁の名人が**人工**知能に敗北した。
(장기나 바둑 명인이 인공지능에 패했다.)

② **人工**授精によってほしかった子供を授かった。
(인공수정에 의해 원하던 아이를 갖게 되었다.)

---

190. 生命【名】せいめい

生物の活動を支える根源の力。物の存立・価値を支えるための一
番 大切なもの。

[－力(りょく)・－保険(ほけん)]

* 例文

① 人間の**生命**は尊い。
(인간의 생명은 존엄하다.)

② 汚職疑惑によって彼の政治**生命**も尽きた。
(부정의혹 때문에 그의 정치생명도 다했다.)

細胞

191. 細胞【名】さいぼう

せいぶつたい つく おも たんい かく ふく げんけいしつ
生物体を作っている主な単位。核を含む原形質のかたまり。

[一組織(そしき)・一分裂(ぶんれつ)]

＊例文

さいぼう　　せいぶつたい　　きほんこうせいたんい
① 細胞は生物体の基本構成単位である。

(세포는 생물체의 기본 구성단위다.)

しんけいさいぼう　　しげき　　う　　じょうほう　　でんたつ
② 神経細胞は刺激を受けて情報を伝達する。

(신경세포는 자극을 받아 정보를 전달한다.)

遺伝

192. 遺伝【名】【動】いでん

せいぶつ けいしつ おや こ まご つた げんしょう つた
生物の形質が親から子・孫に伝わる現象。また、伝わること。

[隔世(かくせい)ー・ー子(し)]

＊例文

わか　　ごろ　　　　だつも　　おや　　　　いでん　　い
① 若い頃からの脱毛は親からの遺伝と言われてい

る。

(젊었을 때부터의 탈모는 부모로부터의 유전이라고 한다.)

いでんし く か しょくひん もんだい
② 遺伝子組み替え食品が問題になっている。

(유전사 조작 식품이 문제가 뇌고 있다.)

免疫

193. 免疫【名】めんえき

病原菌や毒素が体に入っても病気にかからない、かかりにくいような状態にあること。

[－体(たい)・－力(りょく)]

＊例文

① 予防接種を受けて**免疫**をつくる。

(예방접종을 받아 면역을 만든다.)

② 人気スターは中傷記事に**免疫**になっている。

(인기스타는 흠집 내기 기사에 면역이 되어 있다.)

宇宙

194. 宇宙【名】うちゅう

あらゆる天体を含む広大な空間。それ自体で統一された世界。

[小(しょう)－・－船(せん)]

＊例文

① **宇宙**旅行は現実のものとなりつつある。

(우주여행은 점점 현실화되고 있다.)

② 人間は小**宇宙**だ。

(인간은 소우주다.)

衛星

195. 衛星【名】えいせい

<ruby>惑星<rt>わくせい</rt></ruby>の<ruby>周<rt>まわ</rt></ruby>りを<ruby>公転<rt>こうてん</rt></ruby>する<ruby>小<rt>ちい</rt></ruby>さな<ruby>天体<rt>てんたい</rt></ruby>。

[気象(きしょう)ー・ー放送(ほうそう)]

① <ruby>人工<rt>じんこう</rt></ruby><ruby>衛星<rt>えいせい</rt></ruby>の<ruby>打<rt>う</rt></ruby>ち<ruby>上<rt>あ</rt></ruby>げに<ruby>成功<rt>せいこう</rt></ruby>した。

(인공위성 발사에 성공했다.)

② <ruby>月<rt>つき</rt></ruby>は<ruby>地球<rt>ちきゅう</rt></ruby>の<ruby>衛星<rt>えいせい</rt></ruby>である。

(달은 지구의 위성이다.)

環境

196. 環境【名】かんきょう

そのものをとりまく外界(がいかい)。それと関係(かんけい)があり、それになんらかの
影響(えいきょう)を与(あた)えるものとして見(み)た場合(ばあい)に言(い)う。

[自然(しぜん)ー・ー保護(ほご)]

* 例文

① 都市化(としか)、工業化(こうぎょうか)が進(すす)み、環境(かんきょう)が悪化(あっか)した。
(도시화, 공업화가 진행되어 환경이 악화되었다.)

② ゴルフ場開発(じょうかいはつ)は自然環境(しぜんかんきょう)に大(おお)きな影響(えいきょう)を与(あた)える。
(골프장 개발은 자연환경에 큰 영향을 끼친다.)

自然

197. 自然【名】【形】しぜん

人手(ひとで)を加(くわ)えない、物(もの)のありのままの状態(じょうたい)。成行(なりゆ)き。この世(よ)のあら
ゆる物(もの)の総称(そうしょう)。

[ー界(かい)・ー発生(はっせい)]

* 例文

① 子(こ)どもたちのため自然(しぜん)を守(まも)りたい。
(어린이들을 위해 자연을 지키고 싶다.)

② 健康志向(けんこうしこう)で自然食品(しぜんしょくひん)がブームだ。
(건강지향 〔웰빙〕 으로 자연식품이 붐이다.)

資源

198. 資源【名】しげん

産業の原料や材料になる物質。

[地下(ちか)ー・人的(じんてき)ー]

* 例文

① 日本は天然資源に乏しい。

(일본은 천연자원이 부족하다.)

② 人的資源の育成こそ重要課題だ。

(인적 자원 육성이야말로 중요과제다.)

地球

199. 地球【名】ちきゅう

人類が住んでいる天体。太陽を回る惑星の一つ。

[ー儀(ぎ)・ー温暖化(おんだんか)]

* 例文

① 地球は水の惑星と言われている。

(지구는 물의 혹성이라고 일컬어지고 있다.)

② 地球上にはさまざまな生物が共存している。

(지구상에는 갖가지 생물이 공존하고 있다.)

200. 生態【名】せいたい

生態

生物が自然界に生きている実際の状態。

[－系(けい)]

* 例文

① 一度壊した生態系を再生するのは容易なことで

はない。

(한번 파괴된 생태계를 재생하는 것은 용이한 일은 아니다.)

② 大学生の生態をレポートする。

(대학생의 생태를 보고한다.)

---

201. 公害【名】こうがい

公害

工場の煤煙・汚水・自動車の排気ガス・騒音などのために、一般
の人々の健康や日常生活が害されること。

[－対策(たいさく)・－病(びょう)]

* 例文

① 経済の高度成長とともに公害が深刻化した。

(경제의 고도성장과 함께 공해가 심각해졌다.)

② 長い間、公害病で苦しんでいる人がいる。

(오랫동안, 공해병으로 괴로워하는 사람이 있다.)

汚染

202. 汚染【名】【動】おせん

深刻な影響をもたらすもので汚されること。

[大気(たいき)ー・ー物質(ぶっしつ)]

＊ 例文

① 大気汚染により、健康被害が心配される。
(대기오염에 의해, 건강피해가 염려된다.)

② 工場の廃液が河川を汚染した。
(공장 폐수가 하천을 오염시켰다.)

気象

203. 気象【名】きしょう

天候・気温・風の強さなど、大気の状態・現象。

[ー観測(かんそく)・ー台(だい)]

＊ 例文

① 今日は気象条件が悪い。
(오늘은 기상 조건이 나쁘다.)

② インターネットで最新の気象衛星画像を見ることができる。
(인터넷으로 최신 기상위성 화상을 볼 수 있다.)

予報

204. 予報【名】【動】よほう

観測データなどに基づいて、天気などを事前に推測すること。また、その内容。

[天気(てんき)ー・ー官(かん)]

* 例文

① 天気予報によると、明日は雨が降るそうだ。

(일기예보에 의하면, 내일은 비가 온다고 한다.)

② 今年の冬は雪が多いという長期予報が出た。

(올 겨울은 눈이 많이 내린다는 장기예보가 나왔다.)

温暖

205. 温暖【名】おんだん

気候が穏やかで暖かな様子。

[ー前線(ぜんせん)]

* 例文

① この地方は温暖な風土である。

(이 지방은 온난한 풍토다.)

② 地球温暖化により、省エネ対策は当然のことだ。

(지구온난화 때문에, 에너지 절약 대책은 당연한 일이다.)

酸性

206. 酸性【名】さんせい

物質が酸の性質を持つこと。

［―雨(う)・―反応(はんのう)］

＊例文

① 酸性雨は土や植物に悪影響を与える。

(산성비는 토양과 식물에 악영향을 준다.)

② リトマス試験紙で酸性反応を確かめる。

(리트머스 시험지로 산성반응을 확인한다.)

砂漠

207. 砂漠【名】さばく

雨量が乏しくて植物がほとんど生育せず、岩石や砂ばかりの荒れ果てた荒野。

［―地帯(ちたい)］

＊例文

① 砂漠化は気象にも影響を与えることがある。

(사막화는 기상에도 영향을 주는 경우가 있다.)

② 春になると中国の砂漠地帯から黄砂が飛んでくる。

(봄이 되면 중국 사막지대에서 황사가 날라온다.)

208. 地震【名】じしん

地面が震動する現象。地殻内部の急激な変化によって起きる。

[大(おお)—・—帯(たい)]

＊例文

① 大地震が発生し、津波によって多くの犠牲者が出
た。
(큰 지진이 발생하여 쓰나미에 의해 많은 희생자가 나왔다.)

② 地震の予知技術の開発はかなり進んでいる。
(지진의 예측 기술 개발은 꽤 진행되고 있다.)

---

209. 洪水【名】こうずい

多量の雨や雪どけによって、河川の水が増加し、あふれ出て土地
を浸すこと。大水。

[—警報(けいほう)]

＊例文

① 洪水で河川地域の田畑が被害を受けた。
(홍수로 하천 지역 논밭이 피해를 봤다.)

② 入場者が洪水のように押し寄せる。
(입장객이 홍수처럼 밀려온다.)

210. 大雪【名】おおゆき・たいせつ

雪が激しくたくさん降ること。また、大量に降り積もった雪。

[一注意報(ちゅういほう)]

* 例文

① 5年ぶりの大雪に見舞われて、電車がストップした。
(5년 만에 내린 대설로 전차가 멈췄다.)

② 天気予報によると、今夜から山沿いでは大雪になるらしい。
(일기예보에 의하면 오늘밤부터 산간지방에는 많은 눈이 내릴 것 같다.)

8

医療/福祉

211. 医療【名】いりょう

医療

_{いじゅつ}・_{いやく}で_{びょうき}やけがを_{ちりょう}すること。
医術・医薬で病気やけがを治療すること。

［在宅(ざいたく)ー・ー費(ひ)］

＊例文

① _{じゅうみん}に_{しつ}の_{たか}い**医療**サービスを_{ていきょう}する。
住民に質の高い**医療**サービスを提供する。

(주민에게 질 높은 의료 서비스를 제공한다.)

② _{きんきゅういりょうせいど}の_{せいび}が_{ひつよう}だ。
緊急**医療**制度の整備が必要だ。

(긴급 의료제도 정비가 필요하다.)

---

212. 救急【名】きゅうきゅう

救急

_{きゅうびょうにん}・_{ふしょうしゃ}に_{おうきゅう}の_{てあて}を_{ほどこ}すこと。
急病人・負傷者に応急の手当を施すこと。

［ー車(しゃ)・ー病院(びょういん)］

＊例文

① _{きゅうびょうにん}の**救急**_{きゅうきゅうしゃはんそう}に_{じかん}がかかりすぎる。
急病人の**救急**車搬送に時間がかかりすぎる。

(응급환자의 구급차 이송에 시간이 너무 걸린다.)

② _{いえ}に**救急**_{きゅうきゅうばこ}を_{じょうび}しておきましょう。
家に**救急**箱を常備しておきましょう。

(집에 약상자를 상비해 둡시다.)

213. 診察【名】【動】しんさつ

病状・原因などを判断するために医者が患者の体を調べること。

[―室(しつ)・―券(けん)]

* 例文

① 病院に行って医者の**診察**を受けたほうがいい。

(병원에 가서 의사의 진찰을 받는 편이 좋다.)

② **診察**した結果、どこも異常はない。

(진찰한 결과 어디에도 이상은 없다.)

---

214. 検査【名】【動】けんさ

ある基準をもとに、異常がないかどうか、適正であるかどうかを調べること。

[血液(けつえき)―・―技師(ぎし)]

* 例文

① 血液**検査**の結果、血糖値が高いと言われた。

(혈액검사 결과, 혈당치가 높다고 들었다.)

② 適性**検査**によると、私は接客に向いているようだ。

(적성검사에 의하면, 나는 접객 부문에 발달되어 있는 것 같다.)

215. 治療【名】【動】ちりょう

治療

病気やけがを治すこと。また、そのための医学的処置。

［外科(げか)ー・延命(えんめい)ー］

* 例文

① 歯の治療費に100万円近くかかった。

(치아 치료비로 100만엔 가까이 들었다.)

② 小松先生は今後の治療方針をていねいに説明し

てくださった。

(고마쓰 선생님은 앞으로의 치료 방침을 친절하게 설명해주

셨다.)

216. 看護【名】【動】かんご

看護

けが人や病人の手当・世話をすること。看病。

［訪問(ほうもん)ー・ー師(し)］

* 例文

① 将来、看護師の資格をとるつもりだ。

(장래에 간호사 자격을 취득할 생각이다.)

② 在宅で、父の看護をしてきた。

(집에서 아버지를 간호해왔다.)

患者

217. 患者【名】かんじゃ

病気で医者の治療を受ける人。病気にかかっている人。

［入院(にゅういん)ー・外来(がいらい)ー］

＊例文

① 医者は**患者**の生命を預かる。

(의사는 환자의 생명을 떠맡는다.)

② 一人一人ていねいに**患者**を診る。

(한 사람 한 사람 정성스럽게 환자를 진료한다.)

病気

218. 病気【名】びょうき

心や体に不調または不都合が生じた状態のこと。やまい。

［心(こころ)のー・ー見舞(みま)い］

＊例文

① 仕事が忙しくて、**病気**になってしまった。

(일이 너무 바빠서 병에 걸리고 말았다.)

② 日本では**病気**見舞いに鉢植えを持って行ってはい

けない。

(일본에서는 병문안 갈 때 화분을 가져가서는 안 된다.)

健康

219. 健康【名】【形】けんこう

すこやかさ。病気にかかっていず、元気で正常な状態。

[―診断(しんだん)・―食(しょく)]

* 例文

① 年をとっても健康な体を保つ。
(나이가 들어도 건강한 몸을 유지한다.)

② 毎年、学校で健康診断を行う。
(매년, 학교에서 건강진단을 실시한다.)

予防

220. 予防【名】【動】よぼう

病気や災害などを前もって防ぐこと。

[―医学(いがく)・―注射(ちゅうしゃ)]

* 例文

① 風邪の予防にうがいが有効であることが実証された。
(감기 예방에 양치질이 효과적인 것이 입증되었다.)

② いつまでも健康でいるために、生活習慣病を予防しよう。
(언제나 건강하게 살기 위해 성인병을 예방하자.)

感染

221. 感染【名】【動】かんせん

病原体が体内に侵入すること。病気が移ること。

［ウィルスー・ー源(げん)］

＊例文

① インフルエンザは、飛沫・空気・接触感染によっ
て移る。

(인플루엔자는 기침이나 재채기・공기・접촉 감염에 의해 전

염된다.)

② 警視庁によると、国内でコンピューターウィルス
の感染が確認された。

(경시청에 의해 국내 컴퓨터 바이러스 감염이 확인됐다.)

移植

222. 移植【名】【動】いしょく

体 の組織や臓器を他の場所や別の個体に移しかえること。

［臓器(ぞうき)ー・ーコーディネーター］

＊例文

① 脳死によって提供された心臓を移植した。

(뇌사에 의해 제공된 심장을 이식했다.)

② 先進医療と臓器移植に特化した保険もある。

(선진의료와 장기이식에 특화된 보험도 있다.)

再生

223. 再生【名】【動】さいせい

衰え、または、死にかかっていたものが生き返ること。失われた
生体の一部が再び作り出されること。

[—医療(いりょう)・—紙(し)]

＊例文

① ips細胞を使った**再生**医療に注目が集まっている。
(ips세포를 이용한 재생의료에 주목이 쏠리고 있다.)

② 太陽光や風力といった**再生**可能エネルギーの開
発が急がれる。
(태양광과 풍력과 같은 재생가능에너지 개발이 시급하다.)

死亡

224. 死亡【名】【動】しぼう

人が死ぬこと。

[—者(しゃ)・—率(りつ)]

＊例文

① 昨日の爆発事故では多くの**死亡**者が出た。
(어제 폭발 사고에서는 많은 사망자가 나왔다.)

② 予防医学の進歩で**死亡**率が下がった。
(예방의학의 진보로 사망률이 낮아졌다.)

認知症

225. 認知症【名】にんちしょう

正常に発達した知的能力が脳の老化や疾患などによって低下した状態。

＊例文

① 2025年、国民の約1割以上が認知症になる社会が来る。

(2025년, 국민의 약 10% 이상이 인지장애증(치매)을 앓는 사회가 도래한다.)

② 高齢の犬や猫にも認知症と同じような症状が見られるという。

(고령의 개나 고양이에게도 인지장애증과 같은 증상이 발견된다고 한다.)

福祉

226. 福祉【名】ふくし

公的配慮によって社会の成員が等しく受けることができる安定した生活環境。

[社会(しゃかい)ー・ー国家(こっか)]

* 例文

① 公共の**福祉**サービスの充実がこれからの課題だ。
(공공복지 서비스의 충실함이 앞으로의 과제이다.)

② 大学卒業後は社会**福祉**の仕事に取り組むつもりだ。
(대학졸업 후에는 사회복지 일에 전념할 생각이다.)

保健

227. 保健【名】ほけん

健康を保ち続けること。

[ー所(じょ)・ー体育(たいいく)]

* 例文

① **保健**所で母子健康手帳を交付する。
(보건소에서 모자건강수첩을 교부한다.)

② 性教育を中学や高校の**保健**体育の授業で行う。
(성교육을 중학교와 고등학교의 보건 체육 수업에서 실시한다.)

228. 介護【名】【動】かいご

身体や精神が健全でない状態にある人の行為を助ける世話。

[在宅(ざいたく)ー・ー保険(ほけん)]

＊例文

① **介護**保険で在宅サービスを受ける。
(간병 보험으로 재택 서비스를 받는다.)

② 4年間、両親を**介護**したが、精神的にも疲れてしま

った。
(4년 동안 부모를 간병했는데 정신적으로도 지쳐버렸다.)

---

229. 施設【名】【動】しせつ

ある目的のために建物や設備をつくること。また、その建物や
設備。

[公共(こうきょう)ー・養護(ようご)ー]

＊例文

① 東京圏では老人介護**施設**の不足が深刻だ。
(도쿄권에서는 노인개호시설 부족이 심각하다.)

② 福祉**施設**でボランティアをするサークルに入っ

た。
(복지시설에서 자원봉사를 하는 동아리에 가입했다.)

高齢

230. 高齢【名】こうれい

高い年齢。高年。

[—者(しゃ)・—出産(しゅっさん)]

＊例文

① 日本は今後、**高齢**化がさらに進むだろう。

(일본은 앞으로 고령화가 더욱 진행될 것이다.)

② **高齢**出産だったが、無事に赤ちゃんを産むことが

できた。

(고령 출산이었는데, 무사히 아이를 낳을 수가 있었다.)

老人

231. 老人【名】ろうじん

年をとった人。年寄り。

[—病(びょう)・—ホーム]

＊例文

① 元気な**老人**が増えている。

(건강한 노인이 늘고 있다.)

② 一人暮らしなので、**老人**ホームに入居する。

(혼자 살기 때문에 노인요양원에 입주한다.)

232. 障害【名】しょうがい

個人的な原因や社会的な環境により、心や身体上の機能が十分に働かず、活動に制限があること。

[一者(しゃ)・一物競走(ぶつきょうそう)]

* 例文

① 障害者のためのスポーツが盛んになってきている。

(장애인을 위한 스포츠가 유행하고 있다.)

② 自閉症は発達障害の一つである。

(자폐증은 발달 장애의 하나이다.)

---

233. 身体【名】しんたい・からだ

人間の体。肉体。

[一検査(けんさ)・一障害(しょうがい)]

* 例文

① オリンピック選手は身体能力が高い。

(올림픽선수는 신체능력이 뛰어나다.)

② 身体測定で身長と体重を測った。

(신체검사에서 신장과 체중을 쟀다.)

精神

234. 精神【名】せいしん

人間の心。また、その知的な働き。物事を支える根本となるもの。理念。

[―統一(とういつ)・―鑑定(かんてい)]

＊例文

① 健全なる精神は健全なる身体に宿る。

(건전한 정신은 건전한 신체에 깃든다.)

② 建学の精神を忘れてはいけない。

(건학 정신을 잊어서는 안 된다.)

児童

235. 児童【名】じどう

子供。特に、小学生。

[待機(たいき)―・―相談所(そうだんしょ)]

＊例文

① 『星の王子さま』は世界中で読まれている児童文学だ。

(『어린 왕자』는 전 세계적으로 읽히고 있는 아동문학이다.)

② 待機児童解消のための政策が急がれる。

(대기아동 해소를 위한 정책이 시급하다.)

虐待

236. 虐待【名】【動】ぎゃくたい

むごい扱いをすること。

［動物(どうぶつ)－・性的(せいてき)－］

＊例文

① 動物虐待のニュースに心が痛む。

(동물학대 뉴스에 마음이 아프다.)

② 食事を与えないといったネグレクトも虐待の一

つである。

(식사를 주지 않는 양육 방치도 학대의 일종이다.)

保護

237. 保護【名】【動】ほご

危険・脅威・破壊などからかばい守ること。

［－者(しゃ)・－責任(せきにん)］

＊例文

① 森林の保護活動に寄付をお願いします。

(삼림 보호활동에 기부를 부탁합니다.)

② スーパーで迷子を保護して、案内所に連れていっ

た。

(슈퍼에서 미아를 보호하여 안내소로 데리고 갔다.)

支援

238. 支援【名】【動】しえん

力(ちから)を貸(か)して助(たす)けること。

[子育(こそだ)て一・一団体(だんたい)]

＊例文

① 厚生労働省(こうせいろうどうしょう)による子育(こそだ)て**支援**制度(しえんせいど)がスタートした。

(후생노동성에 의한 육아지원제도가 시작됐다.)

② 主要政党(しゅようせいとう)はそれぞれ**支援**団体(しえんだんたい)を持(も)っている。

(주요정당은 각각 지원단체를 가지고 있다.)

保険

239. 保険【名】ほけん

偶然(ぐうぜん)の事故(じこ)によって生(しょう)じる損害(そんがい)に備(そな)えて、多数(たすう)の者(もの)が掛(か)け金(きん)を出(だ)し合(あ)い、それを資金(しきん)として、一定金額(いっていきんがく)を給付(きゅうふ)する制度(せいど)。

[生命(せいめい)一・一金(きん)]

＊例文

① 社会人(しゃかいじん)になったので、生命(せいめい)**保険**をかけることにした。

(사회인이 되었기 때문에 생명보험을 가입하기로 했다.)

② 交通事故(こうつうじこ)に遭(あ)い、**保険**金(ほけんきん)をもらった。

(교통사고를 당하여 보험금을 받았다.)

240. 年金【名】ねんきん

^{しゅうしん} 終身、または、一定期間にわたり、毎年定期的に支給される定額 の金銭。

[国民(こくみん)ー・ー生活(せいかつ)]

＊例文

① 来年から年金生活に入る。
(내년부터 연금 생활로 들어간다.)

② 政府は高齢者が増え、年金の支給開始を遅らせよ

うといている。

(정부는 고령자가 증가하여 연금의 지급개시를 늦추려 하고

있다.)

9

観光/事件 · 事故

観光

241. 観光【名】【動】かんこう

^{ほか} ^{くに} ^{ちほう} ^{おとず} ^{ふうけい} ^{しせき} ^{ふうぶつ} ^み ^{ある}
他の国や地方を訪れて、風景・史跡・風物などを見て歩くこと。

［―地(ち)・―スポット・―バス］

＊例文

① イタリア各地を観光して回った。

(이탈리아 각지를 돌며 관광했다.)

② 観光資源を掘り起こし、地域を活性化させたい。

(관광자원을 발굴하여 지역을 활성화시키고 싶다.)

旅行

242. 旅行【名】【動】りょこう

^{たび} ^{ほか} ^{とち} ^で
旅をすること。他の土地に出かけること。

［海外(かいがい)―・―ガイド］

＊例文

① 高校の修学旅行で韓国に行った。

(고등학교 수학여행으로 한국에 갔다.)

② 私は一人で旅行するのが好きだ。

(나는 혼자 여행하는 것을 좋아한다.)

団体

243. 団体【名】だんたい

ある目的のために、人々が集まって一つのまとまりになったもの。

[宗教(しゅうきょう)ー・ー旅行(りょこう)]

＊例文

① ディズニーランドは25人以上で団体割引がある。
(디즈니랜드는 25명 이상이면 단체할인을 받을 수 있다.)

② 団体で交渉すれば、なんとかなるかもしれない。
(단체로 교섭하면 어떻게든 될지도 모른다.)

予約

244. 予約【名】【動】よやく

前もって約束すること。特に、ある手続きをして購入や使用の権利を得ること。

[ー金(きん)・ー販売(はんばい)]

＊例文

① 出張がなくなり、ホテルの予約をキャンセルした。
(출장이 취소되어 호텔 예약을 취소했나.)

② 彼女の誕生日にはフランス料理のレストランを予約するつもりだ。
(여자 친구 생일에는 프렌치 레스토랑을 예약할 생각이다.)

割引

245. 割引【名】【動】わりびき

割り引くこと。一定の価格から、ある割合の金額を引くこと。

[―価格(かかく)・―券(けん)]

* 例文

① セール期間中は定価の二割引で販売している。

(세일 기간 중에는 정가에서 20% 할인가격으로 판매하고 있

다.)

② 社員割引ありのアルバイトもある。

(사원 할인이 되는 아르바이트도 있다.)

名所

246. 名所【名】めいしょ

美しい風景や史跡などで有名な場所。

[―旧跡(きゅうせき)・―案内(あんない)]

* 例文

① 京都の清水寺は紅葉の名所として有名だ。

(교토의 기요미즈데라는 단풍 명소로 유명하다.)

② 案内所でもらった観光マップには名所旧跡がイ

ラストで書かれていた。

(안내소에서 받은 관광지도에는 명승유적이 일러스트로 그

려져 있다.)

247. 景色【名】けしき

景色

山・川・海などの自然の風物の眺め。風景

［雪(ゆき)－・夕(ゆう)－］

* 例文

① 列車の窓から流れていく**景色**を静かに見ていた。
(열차 창문 밖으로 스치는 경치를 조용히 보고 있었다.)

②「この部屋は**景色**がいいね。」と母は喜んだ。
("이 방은 경치가 좋구나" 하고 엄마는 기뻐했다.)

---

248. 温泉【名】おんせん

温泉

地熱で熱せられた摂氏25度以上の地下水。または、その温水を利
用した入浴施設。

［－宿(やど)・－卵(たまご)］

* 例文

① お正月に家族そろって**温泉**に行くことが恒例に

なった。
(설날에 가족이 모여 온천에 가는 것이 상례가 되었다.)

② **温泉**街にある足湯に浸かってみた。
(온천가에 있는 족욕탕에 다리를 담가 봤다.)

公園

249. 公園【名】こうえん

市街地(しがいち)などに設(もう)けられた公共施設(こうきょうしせつ)としての庭園(ていえん)や遊園地(ゆうえんち)。自然(しぜん)の景観(けいかん)を保存(ほぞん)し、観光(かんこう)の場所(ばしょ)として整備(せいび)されている地域(ちいき)。

[児童(じどう)ー・国立(こくりつ)ー]

＊例文

① 毎朝(まいあさ)、近(ちか)くの公園(こうえん)に行(い)って、体操(たいそう)をするのが日課(にっか)だ。
(매일 아침 근처 공원에 가서 체조를 하는 것이 일과다.)

② 弘前城址公園(ひろさきじょうしこうえん)では、毎年(まいとし)「弘前(ひろさき)さくらまつり」が開(ひら)かれる。
(히로사키 성터 공원에서는 매년 '히로사키 벚꽃 축제'가

열린다.)

神社

寺

250. 神社/寺【名】じんじゃ/てら

神道(しんどう)の神(かみ)を祀(まつ)り、祭祀(さいし)や参拝(さんぱい)のための施設(しせつ)のあるところ。
仏像(ぶつぞう)などを安置(あんち)し、僧(そう)や尼(あま)が住(す)んで仏事(ぶつじ)や仏道修行(ぶつどうしゅぎょう)を行(おこな)うところ。

「ー参(まい)り」

＊例文

① 神社(じんじゃ)でおみくじをひいたら、大吉(だいきち)だった。
(신사에서 오미쿠지(제비)를 뽑았더니 대길이었다.)

② 京都観光(きょうとかんこう)で行(い)く寺(てら)の拝観料(はいかんりょう)も安(やす)くはない。
(교토 관광으로 가는 절의 입장료도 싸지는 않다.)

251. 地図【名】ちず

地球表面の一部、または、全部を一定の割合で縮小し、記号・
文字などで平面上に表した図。

[世界(せかい)ー・ー帳(ちょう)]

＊例文

① 場所がわかりにくいので、地図を書いておいた。
(장소 알기가 어려워서 지도를 그려 두었다.)

② オーストラリアの世界地図は南北が逆さまだ。
(호주의 세계지도는 남북이 반대다.)

---

252. 旅館【名】りょかん

人を宿泊させることを業務とする家。ホテルに対して和風のもの
をいう。

[温泉(おんせん)ー]

＊例文

① 旅館の刺身がとてもおいしかった。
(여관(료칸)의 회가 매우 맛있었다.)

② その旅館の女将は思ったよりも若かった。
(그 여관 여주인은 생각보다 젊었다.)

禁煙

253. 禁煙【名】【動】きんえん

たばこを吸う習慣をやめること。また、喫煙を禁止すること。

[車内(しゃない)ー・一席(せき)]

＊例文

① ようやく全面禁煙の店が増えてきた。

(드디어 전면금연 가게가 늘기 시작했다.)

② 禁煙してから半年がたった。

(금연한지 반년이 지났다.)

非常口

254. 非常口【名】ひじょうぐち

建物や乗り物で、火災・事故などの緊急時に逃げ出すための出口。

＊例文

① ホテルに泊まる時は、どこに非常口があるか確認しなさい。

(호텔에 묵을 때에는 어디에 비상구가 있는지 확인하십시오.)

② 非常口の所に商品が山積みになっていて危険だ。

(비상구 쪽에 상품이 쌓여있어 위험하다.)

255. 免税【名】【動】めんぜい

税を免除すること。課税しないこと。

［―品（ひん）・―店（てん）］

＊例文

① ハワイに行った時、免税店でブランドのバッグを買った。

（하와이에 갔을 때 면세점에서 명품 가방을 샀다.）

② 機内でも、化粧品・香水・酒といった免税品を売っている。

（기내에서도 화장품·향수·술과 같은 면세품목을 팔고 있다.）

事件

256. 事件【名】じけん

人々の関心をひく出来事。世間が話題にし、問題となる出来事。

［盗難(とうなん)ー・ー記者(きしゃ)］

* 例文

① 最近、奇妙な**事件**が続いて、気持ちが悪い。

(최근 기묘한 사건이 계속되어, 기분이 불길하다.)

② この**事件**は真相を明らかにしなければならない。

(이 사건은 진상을 밝히지 않으면 안 된다.)

被害

加害

257. 被害/加害【名】ひがい/かがい

損害や危害を受けること。また、その害。

他人に損害や危害を加えること。

［ー者(しゃ)］

* 例文

① 台風の**被害**をまぬがれて、ほっとした。

(태풍 피해를 피할 수 있어 안심했다.)

② 交通事故の**加害**者がお詫びに来た。

(교통사고 가해자가 사죄하러 왔다.)

詐欺

258. 詐欺【名】さぎ

人をだまして、金品を奪うなどとの損害を与えること。

[俺俺(おれおれ)ー・ー師(し)]

* 例文

① **詐欺**まがいの商法に気をつけるべきだ。

(사기가 의심되는 상술을 조심해야 한다.)

② 運命の相手だと思ったら、結婚**詐欺**の常習犯だっ

た。

(운명의 상대라고 생각했는데 결혼사기 상습범이었다.)

泥棒

259. 泥棒【名】【動】どろぼう

他人の物を盗むこと。また、それをする人。

[ー猫(ねこ)]

* 例文

① 田舎に帰っている間に、**泥棒**に入られた。

(고향에 돌아가 있는 사이에 도둑이 들었다.)

② 人の物を**泥棒**することは犯罪である。

(남의 물건을 훔치는 것은 범죄다.)

誘拐

260. 誘拐【名】【動】ゆうかい

だまして、人を連れ去ること。

［営利(えいり)ー・ー事件(じけん)］

＊例文

① 日系会社社長の**誘拐**事件が報じられた。

(일본계회사 사장 유괴사건이 보도되었다.)

② このドラマは実際に起きた**誘拐**殺人事件を扱っ

ている。

(이 드라마는 실제로 일어난 유괴살인사건을 다루고 있다.)

薬物

261. 薬物【名】やくぶつ

薬となる物質。薬品。

［違法(いほう)ー・ー依存(いぞん)］

＊例文

① 危険ドラッグによる**薬物**中毒について学んだ。

(위험약물에 의한 약물중독에 대해 배웠다.)

② **薬物**治療には副作用が付き物だ。

(약물치료에는 부작용이 항상 따라붙는다.)

事故

262. 事故【名】じこ

<ruby>不注意<rt>ふちゅうい</rt></ruby>や<ruby>災害<rt>さいがい</rt></ruby>などで<ruby>不意<rt>ふい</rt></ruby>に<ruby>起<rt>お</rt></ruby>こる<ruby>悪<rt>わる</rt></ruby>い<ruby>出来事<rt>できごと</rt></ruby>。

［交通（こうつう）ー・ー死（し）］

＊例文

① <ruby>居眠<rt>いねむ</rt></ruby>り<ruby>運転<rt>うんてん</rt></ruby>で<ruby>交通<rt>こうつう</rt></ruby>**事故**<ruby>を<rt>じ こ</rt></ruby><ruby>起<rt>お</rt></ruby>こしてしまった。
(졸음운전으로 교통사고를 내고 말았다.)

② <ruby>高齢者<rt>こうれいしゃ</rt></ruby>の<ruby>転倒<rt>てんとう</rt></ruby>**事故**<ruby>を<rt>じ こ</rt></ruby><ruby>防<rt>ふせ</rt></ruby>ぐために、まず、<ruby>床<rt>ゆか</rt></ruby>の<ruby>段差<rt>だんさ</rt></ruby>

をなくした。
(고령자가 넘어지는 사고를 방지하기 위해 우선 바닥 높낮이

차를 없앴다.)

衝突

263. 衝突【名】【動】しょうとつ

<ruby>突<rt>つ</rt></ruby>き<ruby>当<rt>あた</rt></ruby>ること。ぶつかること。<ruby>意見<rt>いけん</rt></ruby>・<ruby>立場<rt>たちば</rt></ruby>・<ruby>利害<rt>りがい</rt></ruby>などが<ruby>対立<rt>たいりつ</rt></ruby>し、ぶ

つかること。

［正面（しょうめん）ー・武力（ぶりょく）ー］

＊例文

① <ruby>自転車<rt>じてんしゃ</rt></ruby>に<ruby>乗<rt>の</rt></ruby>っていて、<ruby>電柱<rt>でんちゅう</rt></ruby>に**衝突**<ruby><rt>しょうとつ</rt></ruby>してしまった。
(자전거를 타다가 전봇대에 충돌하고 말았다.)

② <ruby>前回<rt>ぜんかい</rt></ruby>の<ruby>会議<rt>かいぎ</rt></ruby>では<ruby>意見<rt>いけん</rt></ruby>の**衝突**<ruby>が<rt>しょうとつ</rt></ruby><ruby>見<rt>み</rt></ruby>られた。
(저번 회의에서는 의견 충돌이 있었다.)

遭難

264. 遭難【名】【動】そうなん

災難にあうこと。特に、登山・航海などで生死にかかわるような危険にあうこと。

[ー救助(きゅうじょ)・ー信号(しんごう)]

* 例文

① 当時は**遭難**する船も少なくない命懸けの航海だった。

(당시에는 조난되는 배도 적지 않은 목숨을 건 항해였다.)

② 登山計画や装備が不十分で、山で**遭難**する人が増えている。

(등산 계획이나 장비가 불충분하여 산에서 조난당하는 사람들이 늘고 있다.)

火事

265. 火事【名】かじ

建築物や山林などが焼けること。火災。

[山(やま)ー・ー場(ば)]

* 例文

① 全ての**火事**の5件に1件は放火、または放火の疑いがあるらしい。

(모든 화재의 다섯 건 중 한 건은 방화거나 방화가 의심된다.)

② 山**火事**は3日たっても、延焼が続いている。

(산불은 사흘이 지나도록 계속 불이 번지고 있다.)

266. 犯人【名】はんにん

罪を犯した人。犯罪人。

[真(しん)ー]

＊例文

① サイバー犯罪の犯人を捕まえるのは難しい。
(사이버 범죄의 범인을 검거하기가 어렵다.)

② ミステリーの楽しさは犯人を推理することだ。
(미스터리의 묘미는 범인을 추리하는 것이다.)

---

267. 捜査【名】【動】そうさ

捜して調べること。特に、捜査機関が犯人を発見・確保し、証拠を収集すること。

[強制(きょうせい)ー・ー員(いん)]

＊例文

① 捜査一課は殺人や強盗といった凶悪犯罪の捜査を行う。
(수사1과는 살인이나 강도와 같은 흉악범죄 수사를 한다.)

② DNA鑑定など、科学捜査の進歩には目を見張るものがある。
(DNA감정 등 과학수사의 진보에는 정말 놀라울 따름이다.)

逮捕

268. 逮捕【名】【動】たいほ

警察が犯人や容疑者を捕まえること。
けいさつ　はんにん　ようぎしゃ　つか

[現行犯(げんこうはん)ー・ー状(じょう)]

＊例文

① 現行犯は逮捕状なしに逮捕できる。
げんこうはん　たいほじょう　　　　　たいほ

(현행범은 체포영장 없이도 체포할 수 있다.)

② 政治家が逮捕され、政界を揺るがすスキャンダル
せいじか　たいほ　　　せかい　ゆ

になった。

(정치가가 체포되어 정계를 뒤흔드는 스캔들이 되었다.)

指紋

269. 指紋【名】しもん

人間の指頭の内側にある、多くの線からできている模様。
にんげん　しとう　うちがわ　　　　おお　せん　　　　　　　　もよう

[ー認証(にんしょう)]

＊例文

① ドアに残された指紋と男の指紋が一致した。
のこ　　　　しもん　おとこ　しもん　いっち

(문에 남겨진 지문과 남자의 지문이 일치했다.)

② 指紋は生まれる前からあり、死ぬまで一生変わら
しもん　う　　　まえ　　　　　し　　　いっしょうか

ない。

(지문은 태어나기 전부터 생긴 것으로 죽을 때까지 변하지 않
는다.)

自殺

270. 自殺【名】【動】じさつ

自分で自分の命を絶つこと。

[一未遂(みすい)・一防止(ぼうし)]

* 例文

① 韓国の**自殺**者数は、ここ数年、日本よりも高率と

なっている。

(한국의 자살자 수는 요 몇 년 일본보다 높아지고 있다.)

② いじめによる**自殺**をなくすために何ができるか

考えよう。

(이지메에 의한 자살을 없애기 위해 무엇을 할 수 있을지 생

각해 보자.)

10
文化・宗教
/芸術

文化

271. 文化【名】ぶんか

ある民族・地域・社会などでつくり出され、その社会の人々に共有・習得されながら受け継がれてきた固有の行動様式・生活様式の総体。また、それによって創り出されたもの。

[大衆(たいしゅう)ー・ー財(ざい)・ー祭(さい)]

＊ 例文

① 日本文化の特質を考える。
(일본 문화의 특질을 생각한다.)

② 渋谷に行けば、日本の若者文化に出会うことができる。
(시부야에 가면 일본 젊은층의 문화를 만나 볼 수가 있다.)

伝統

272. 伝統【名】でんとう

昔からうけ伝えて来た有形、無形の風習・しきたり・傾向・様式。特に、その精神的な面。

[ー文化(ぶんか)・ー芸能(げいのう)]

＊ 例文

① 日本の茶道は長い伝統を有している。
(일본의 다도는 오랜 전통을 가지고 있다.)

② 私の高校は伝統的に野球部が強い。
(우리 고등학교는 전통적으로 야구부가 강하다.)

芸能

273. 芸能【名】げいのう

映画・演劇・歌謡・舞踊・落語など、大衆的娯楽の総称。生け花・茶の湯・歌舞音曲などの芸事。

[郷土(きょうど)ー・ー界(かい)・ー人(じん)]

＊例文

① 伝統芸能は人々によって伝承され、守られている。
(전통예능은 사람들에 의해 전승되고 지켜지고 있다.)

② タレントのうわさ話などの芸能ニュースを見るのが大好きだ。
(탤런트의 소문 등의 연예 뉴스를 보는 것을 매우 좋아한다.)

遺産

274. 遺産【名】いさん

死後に残された財産。前代の人が残した業績。

[世界(せかい)ー・ー相続(そうぞく)]

＊例文

① 父の遺産を相続した。
(아버지의 유산을 상속받았다.)

② 原爆ドームはユネスコの世界遺産に登録されている。
(원폭 돔은 유네스코의 세계유산에 등록되어 있다.)

国宝

275. 国宝【名】こくほう

国の宝。特に、国家が指定して特別に保護・管理する建築物や美術品など。

［人間(にんげん)－］

＊例文

① 国の重要な文化財は**国宝**に指定される。

(나라의 중요한 문화재는 국보로 지정된다.)

② 歌舞伎役者の二代目中村吉右衛門は人間**国宝**である。

(가부키 배우 2대째인 나카무라 키치에몽은 인간국보다.)

保存

276. 保存【名】【動】ほぞん

そのままの状態を保つようにして、とっておくこと。

［永久(えいきゅう)－・－食(しょく)］

＊例文

① 縄文時代の遺跡を**保存**する。

(조몬 시대의 유적을 보존한다.)

② キムチは**保存**がきき、すぐれた健康食品だ。

(김치는 보존이 잘 되며 훌륭한 건강식품이다.)

民族

277. 民族【名】みんぞく

人種と違って言語・宗教・生活慣習など、文化的な観点から見て、共通意識をいだいているひとまとまりの人々。

[少数(しょうすう)ー・ー主義(しゅぎ)]

＊例文

① 民族はそれぞれ独自の文化を持つ。
(민족은 각각 독자의 문화를 가진다.)

② 中国には多くの少数民族が暮らしている。
(중국에는 많은 소수민족이 살고 있다.)

風土

278. 風土【名】ふうど

その土地の状態・気候・地味など。

[精神(せいしん)ー・ー病(びょう)]

＊例文

① 国民性と風土とは深い関係がある。
(국민성과 풍토는 깊은 관계가 있다.)

② 長く住んでいると、その国の風土になじむものだ。
(오랫동안 살고 있으면 그 나라 풍토에 익숙해지는 것이다.)

風俗

279. 風俗【名】ふうぞく

その地域・時代を特徴づける衣食住の仕方や一定の行事。

[一画(が)・一営業(えいぎょう)]

＊例文

① 明治の**風俗**がわかる貴重な写真だ。

(메이지 시대 풍속을 알 수 있는 귀중한 사진이다.)

② 新宿歌舞伎町には**風俗**営業の店が多い。

(신주쿠 가부키초에는 풍속영업을 하는 가게가 많다.)

宗教

280. 宗教【名】しゅうきょう

神、または、何らかのすぐれて導く神聖なものに関する信仰。また、その教えやそれに基づく行い。

[新興(しんこう)一・一心(しん)]

＊例文

① 日本には仏教、神道、キリスト教などの**宗教**が共存している。

(일본에는 불교, 신도, 기독교 등의 종교가 공존하고 있다.)

② 1517年、**宗教**改革がルターによってなされた。

(1517년, 종교개혁이 루터에 의해서 이루어졌다.)

281. 思想【名】しそう

思想

その人の生活行動を規定し、統一するところの人生観・社会観・政治観などの総合されたもの。

[―家(か)・―犯(はん)]

* 例文

① 野生動物愛護の**思想**が高まっている。
(야생동물 애호사상이 높아지고 있다.)

② 人間は**思想**・信条の自由が保障されなければならない。
(인간은 사상·신조의 자유가 보장되지 않으면 안 된다.)

---

282. 仏教【名】ぶっきょう

仏教

釈迦が紀元前5世紀ごろ、インドで始めた宗教。悟りを開き、また、救いにより成仏して宗教的自覚者となることを目的とする。

[―寺院(じいん)・―美術(びじゅつ)]

* 例文

① **仏教**はインドで起こり、主にアジアに広がった。
(불교는 인도에서 일어나 주로 아시아로 퍼졌다.)

② 生き物を大切にすることは**仏教**的な教えの一つだ。
(생물을 소중히 하는 것은 불교적인 가르침의 하나다.)

神道

283. 神道【名】しんとう

日本の民族信仰として伝えられた道。天照大神(アマテラスオ
オミカミ)を始め国家的・民族的な基礎を持つ神々を祀り、そ
の教えを尊ぶ信仰。

[国家(こっか)—]

* 例文

① 神道は日本固有の民族宗教である。
(신도는 일본 고유의 민족종교다.)

② 明治以降、国家神道が形成されたが、第二次世界
大戦後に解体された。
(메이지 이후, 국가신도가 형성되었는데, 제2차 세계대전 후
에 해체되었다.)

儒教

284. 儒教【名】じゅきょう

古代中国で起こった孔子の思想に基づく教え。四書五経を経典と
する。

* 例文

① 儒教は東アジア全体の文化に大きな影響を与え
た。
(유교는 동아시아 전체 문화에 큰 영향을 주었다.)

② 朝鮮時代は儒教が国教だった。
(조선 시대는 유교가 국교였다.)

信仰

285. 信仰【名】【動】しんこう

神や仏を信じ敬い、その教えに従おうとすること。

[山岳(さんがく)ー・一心(しん)]

* 例文

① 小説『沈黙』は人間の**信仰**という普遍的な問題を追究している。

(소설 『침묵』은 인간의 신앙이라는 보편적인 문제를 추구하고 있다.)

② 私の祖父は**信仰心**の厚い人だった。

(우리 할아버지는 신앙심이 깊은 사람이었다.)

芸術

286. 芸術【名】げいじゅつ

文芸・絵画・彫刻・音楽・演劇など、独特の表現様式によって美を
創作・表現する活動。また、その作品。

[―家(か)・―品(ひん)]

＊ 例文

① ニューヨークは新しい芸術の中心地だ。
(뉴욕은 새로운 예술의 중심지다.)

② その指輪は芸術品としても一級だ。
(그 반지는 예술품으로서도 1급이다.)

作品

287. 作品【名】さくひん

心をこめて制作したもの。文芸・美術・工芸など芸術上の
制作物。

[芸術(げいじゅつ)―・―展(てん)]

＊ 例文

① 美大の卒業制作作品展示会があります。
(미대의 졸업제작 작품전시회가 있습니다.)

② ルノアールの作品はいつ見ても美しい。
(르노아르의 작품은 언제 봐도 아름답다.)

288. 対象【名】たいしょう

精神活動(せいしんかつどう)が向(む)けられるもの。目標(もくひょう)・相手(あいて)。

［研究(けんきゅう)ー・調査(ちょうさ)ー］

＊例文

① 日本(にほん)のアニメーションは研究対象(けんきゅうたいしょう)としても興味深(きょうみぶか)い。
（일본 애니메이션은 연구대상으로도 매우 흥미롭다.）

② 子(こ)どもを対象(たいしょう)とした番組(ばんぐみ)を制作(せいさく)する。
（어린이를 대상으로 한 프로그램을 제작한다.）

289. 表現【名】【動】ひょうげん

心(こころ)に思(おも)うこと、感(かん)じることを、色(いろ)・音(おと)・言語(げんご)・所作(しょさ)などの形(かたち)によって表(あらわ)しだすこと。また、その表(あらわ)した形(かたち)。

［自己(じこ)ー・映像(えいぞう)ー］

＊例文

① 愛情(あいじょう)の表現(ひょうげん)は人(ひと)によってさまざまだ。
（애정 표현은 사람에 따라 여러 가지이다.）

② この芝居(しばい)は演出家(えんしゅつか)の意図(いと)がよく表現(ひょうげん)されている。
（이 연극은 연출가의 의도가 잘 표현되어 있다.）

創造

290. 創造【名】【動】そうぞう

新しいものを自分の考えで創り出すこと。神が宇宙を創り出すこと。

［天地(てんち)ー］

* 例文

① 最近の子どもたちに不足しているのは創造的能力ではないか。

(요즈음 어린이들에게 부족한 것은 창조적 능력이 아닐까?)

② ラスコー洞窟の壁画にはエネルギッシュな創造性が見られる。

(라스코 동굴벽화에서는 활력적인 창조성이 보여진다.)

想像

291. 想像【名】【動】そうぞう

実際に知覚に与えられていない物事を心の中に思い浮かべること。

［ー力(りょく)・ー妊娠(にんしん)］

* 例文

① 竜は想像上の動物だ。

(용은 상상의 동물이다.)

② 想像力をたくましくしてほしい。

(상상력을 왕성하게 길렀으면 한다.)

美術

292. 美術【名】びじゅつ

美の視覚的表現をめざす芸術。絵画・彫刻・建築・写真など。

[―品(ひん)・―館(かん)]

* 例文

① 仏教は日本の**美術**に大きな影響を与えた。

(불교는 일본 미술에 큰 영향을 주었다.)

② **美術**品の輸送には細心の注意が必要だ。

(미술품의 수송에는 세심한 주의가 필요하다.)

絵画

293. 絵画【名】かいが

絵。

[抽象(ちゅうしょう)―・―展(てん)]

* 例文

① ヨーロッパの**絵画**の歴史について学ぶ。

(유럽 회화의 역사에 대해 배운다.)

② 新聞社主催の**絵画**展に出品して特賞をもらった。

(신문사 주최 회화전에 출품하여 특상을 받았다.)

音楽

294. 音楽【名】おんがく

音による芸術。器楽と声楽とがある。

[映画(えいが)ー・ー会(かい)]

* 例文

① 好きな音楽を聞きながら紅茶を味わう。

(좋아하는 음악을 들으면서 홍차를 음미한다.)

② 彼は音楽的にもすぐれたセンスを持っている。

(그는 음악적으로도 탁월한 센스를 가지고 있다.)

舞踊

295. 舞踊【名】ぶよう

音楽に合わせて身体をリズミカルに動かし、感情や意志を表現する芸能。踊り。ダンス。

[日本(にほん)ー・民族(みんぞく)ー]

* 例文

① 毎週水曜日の午後に日本舞踊の稽古がある。

(매주 수요일 오후에 일본무용 실습이 있다.)

② バレエや歌舞伎も舞踊劇である。

(발레나 가부키도 무용극이다.)

演劇

296. 演劇【名】えんげき

俳優が演出者の指導のもとに脚本に従って演技し、観客に見せ
る総合芸術。芝居。劇。

[大衆(たいしゅう)ー・ー界(かい)]

＊例文

① シェークスピアの演劇は世界中で上演されている。
(셰익스피어의 연극은 전 세계에서 상연되고 있다.)

② 自主劇団で演劇祭に参加した。
(아마추어 극단을 결성하여 연극제에 참가했다.)

舞台

297. 舞台【名】ぶたい

演劇などで、演劇を見せるための普通は見物席より高く台になっ
ている場所。ステージ。

[ー裏(うら)・ー装置(そうち)]

＊例文

① 長年の夢がかなって晴れの舞台に立つことがで
きた。
(오랫동안 품어왔던 꿈이 이루어져 공식 무대에 설 수가 있었다.)

② 世界を舞台に活躍するファッションデザイナー
になりたい。
(세계를 무대로 활약하는 패션 디자이너가 되고 싶다.)

映画

298. 映画【名】えいが

撮影したフィルムの画像をスクリーンに連続して映し、姿形や
動きを再現するもの。

[一館(かん)・一撮影(さつえい)・一監督(かんとく)]

* 例文

① 恋人ができたら、いっしょに映画を見たい。
(애인이 생기면 함께 영화를 보고 싶다.)

② 釜山国際映画祭は毎年10月に開催される。
(부산 국제영화제는 매년 10월에 개최된다.)

歌舞伎

299. 歌舞伎【名】かぶき

江戸時代に発達・完成した、台詞・音楽・舞踊などの要素を集大成
した日本特有の総合演劇。

[一座(ざ)・一役者(やくしゃ)]

* 例文

① 歌舞伎は江戸時代のエンターテインメントだっ
た。
(가부키는 에도 시대의 엔터테인먼트였다.)

② 歌舞伎役者は世襲制である。
(가부키 배우는 세습제다.)

能

300. 能【名】のう

室町時代に田楽などを基にして、世阿弥によって完成された動き
の少ない極度に様式化された劇。

[－舞台(ぶたい)・－装束(しょうぞく)]

＊例文

① 能は世阿弥によって完成された。

(노는 제아미에 의해 완성되었다.)

② 夏の夜、野外で見る薪能は幻想的で美しい。

(여름밤, 야외에서 보는 다키기노는 환상적이고 아름답다.)

11

文学・言語
/歴史

文学

301. 文学【名】ぶんがく

言語によって表現される芸術作品。文芸。または、文芸を研究する学問。

[近代(きんだい)ー・ー者(しゃ)・ー賞(しょう)]

＊例文

① 昔、彼は作家を志す文学青年だった。
(예전에 그는 작가를 지망하는 문학청년이었다.)

② 日本の近代文学を研究するなら、まず夏目漱石と森鴎外を読みなさい。
(일본 근대문학을 연구하려면, 우선 나쓰메 소세키와 모리 오

가이의 작품을 읽으시오.)

小説

302. 小説【名】しょうせつ

文学の一形態。作者の構想を通じて、人物や事件、人間社会を描き出そうとする、話の筋をもった散文体の作品。

[私(し)ー・長編(ちょうへん)ー]

＊例文

① 寝る前に小説を読むのが習慣だ。
(자기 전에 소설을 읽는 것이 습관이다.)

② 最近、若い女性に推理小説ファンが増えている。
(최근 젊은 여성들 사이에 추리소설 팬이 늘고 있다.)

随筆

303. 随筆【名】ずいひつ

自己の見聞・体験・感想などを、筆に任せて自由な形式で書いた文章。随想。エッセー。

[一家(か)]

＊例文

① 随筆はテーマが日常的で、読みやすい。
(수필은 테마가 일상적이어서 읽기 쉽다.)

② 平安時代の『枕草子』は女性によって書かれた初めての随筆集だ。
(헤이안 시대의『마쿠라노소시』는 여성에 의해 쓰여진 최초의 수필집이다.)

物語

304. 物語【名】ものがたり

ある事柄について話すこと。語り合うこと。古くから語り伝えられてきた話。

[寝(ね)一・一文学(ぶんがく)]

＊例文

① 『平家物語』は軍記物語の傑作である。
(『헤이케모노가타리』는 군기문학 걸작이다.)

② この沼にまつわる世にも恐ろしい物語を聞かせてあげよう。
(이 늪에 얽힌 아주 무서운 이야기를 들려주마.)

詩

305. 詩【名】し

文芸の一形態。自然や人事などから受ける感動を、リズムをもつ
言語形式で表したもの。

[叙情(じょじょう)ー・ー人(じん)]

＊例文

① 詩集を自費出版した。

(시집을 자비 출판했다.)

② 詩の翻訳は小説よりも難しい。

(시의 번역은 소설보다 어렵다.)

和歌

306. 和歌【名】わか

日本固有の形式による詩・長歌・短歌・旋頭歌などの総称。特に、
短歌。

[宮廷(きゅうてい)ー・ー集(しゅう)]

＊例文

① 明治以前に作られた短歌を和歌と言う。

(메이지 이전에 만들어진 단가를 와카라고 한다.)

② 平安時代にはすぐれた和歌を詠む歌人が多かっ

た。

(헤이안 시대에는 훌륭한 와카를 노래한 가인이 많았다.)

俳句

307. 俳句【名】はいく

5・7・5の17音から成る短い詩。発句。

* 例文

① 国語の授業で**俳句**を作った。

(국어 수업시간에 하이쿠를 지었다.)

② **俳句**は世界一短い詩と言われている。

(하이쿠는 세계 제일의 짧은 시라고 일컬어지고 있다.)

翻訳

308. 翻訳【名】【動】ほんやく

ある言語で表現された文章の内容を原文に即して他の言語に移しかえること。

[－家(か)・－物(もの)]

* 例文

① トルストイの小説を**翻訳**する。

(톨스토이의 소설을 번역한다.)

② **翻訳**によって、微妙にニュアンスが違うのは仕方ない。

(번역에 따라 미묘하게 뉘앙스가 다른 것은 어쩔 수 없다.)

言語

309. 言語【名】げんご

一定の決まりに従い音声や文字・記号を連ねて意味を表すもの。また、その総称。そういうひとまとまりの形式的な体系。ことば。

［日常(にちじょう)ー・ー障害(しょうがい)］

* 例文

① 世界中ではさまざまな言語が話されている。
(세계 각지에서는 여러 가지 언어가 사용되고 있다.)

② この風景は言語に絶する美しさだ。
(이 풍경은 언어로 표현할 수 없는 아름다움이다.)

外来語

310. 外来語【名】がいらいご

もと外国語だったものが、国語の中に取り入れられた言葉。

* 例文

① 欧米文化の摂取によって、外国語が外来語として定着した。
(구미 문화 섭취에 의해 외국어가 외래어로서 정착했다.)

② 日本語では外来語はカタカナで表記する。
(일본어에서는 외래어는 가타카나로 표기한다.)

311. 言葉【名】ことば

人が声に出して言ったり文字に書いて 表 したりする、意味のある表現。言うこと。

[早口(はやくち)ー・ー遣(づか)い・ー遊(あそ)び]

＊例文

① この犬は人間の言葉がわかるみたいだ。
(이 개는 사람의 말을 알아듣는 것 같다.)

② 仕事場では言葉遣いに注意するように。
(일터에서는 말투에 주의하도록.)

---

312. 文字【名】もじ

ことばを視覚的に 表 すために、点・線などを組み合わせて作った記号。

[絵(え)ー・ー化(ば)け]

＊例文

① 元来、アイヌ語は文字を持っていない。
(원래 아이누어는 문자를 가지고 있지 않다.)

② 携帯電話の絵文字は日本から世界に広まった。
(휴대전화의 그림문자(이모티콘)는 일본에서 세계로 퍼졌다.)

文章

313. 文章【名】ぶんしょう

文を連ねて、思想・感情などを表現したひとまとまりのもの。

[―力(りょく)・―題(だい)]

* 例文

① 私の手紙は子供のような**文章**で恥ずかしい。

(내 편지는 어린 아이 같은 문장이라서 부끄럽다.)

② 算数の**文章**題が苦手な小学生が多い。

(산수에서 문장으로 된 문제를 어려워하는 초등학생이 많다.)

解釈

314. 解釈【名】【動】かいしゃく

文章や物事の意味を受け手の側から理解すること。また、その理解したところを説明すること。その内容。

[英文(えいぶん)―]

* 例文

① このラストシーンは**解釈**が分かれる所だ。

(이 라스트 신은 해석이 나누어지는 부분이다.)

② 彼が書いたとしか**解釈**のしようがない。

(그가 썼다고 해석할 수밖에 없다.)

批評

315. 批評【名】【動】ひひょう

物事の良い点、悪い点などを指摘して、その価値を論じること。

［文芸(ぶんげい)ー・一眼(がん)］

* 例文

① 習作を先輩に**批評**してもらった。

(습작을 선배가 비평해 주었다.)

② 新聞に掲載される新刊本の**批評**を参考にしてい

る。

(신문에 게재되는 신간본 비평을 참고로 하고 있다.)

316. 歴史【名】れきし

歴史

人間社会が経て来た流動・変遷の 姿 。その記録。

[一観(かん)・一上(じょう)]

＊例文

① 歴史を学ぶことは現在の世界を理解することに

つながる。

(역사를 배우는 것은 현재의 세계를 이해하는 것으로 이어진

다.)

② 歴史上の人物では誰が好きですか。

(역사상의 인물로는 누구를 좋아합니까?)

---

317. 東洋/西洋【名】とうよう/せいよう

東洋

西洋

アジアの東部の諸地方。

日本や中国、韓国などから欧米の諸国をさしていう語。欧米。

[一人(じん)・一風(ふう)]

＊例文

① シルクロードは東洋と西洋を結ぶ道となった。

(실크로드는 동양과 서양을 잇는 길이 되었다.)

② 日本に西洋思想が流入されたのは明治以降だ。

(일본으로 서양사상이 유입된 것은 메이지 이후다.)

文明

318. 文明【名】ぶんめい

世の中が進み、精神的・物質的に生活が豊かである状態。

[物質(ぶっしつ)－・古代(こだい)－]

* 例文

① 世界の四大文明はいずれも大河流域に発祥している。

(세계 4대 문명은 모두 큰 하천 유역에서 발상하고 있다.)

② 機械文明によって失われた人間性を取り戻したい。

(기계문명에 의해 잃어버린 인간성을 되찾고 싶다.)

人類

319. 人類【名】じんるい

人間を他の動物と区別して言うときの語。

[－愛(あい)]

* 例文

① 人類の祖先についてさまざまな学説がある。

(인류 조상에 대해 여러 가지 학설이 있다.)

② 20世紀は人類始まって以来の激動期だった。

(20세기는 인류 시작 이래의 격동기였다.)

先祖

320. 先祖【名】せんぞ

家系の初代。一家の現存者以前の人々。
(かけい) (しょだい) (いっか) (げんぞんしゃいぜん) (ひとびと)

[ー代々(だいだい)・ー返(がえ)り]

＊例文

① 母方の先祖は旧伯爵家だった。
(ははかた) (せんぞ) (きゅうはくしゃくけ)

(어머니 쪽 선조는 구 백작가문이었다.)

② 先祖代々受け継がれた田畑を守ってきた。
(せんぞだいだいう) (つ) (たはた) (まも)

(조상 대대로 이어받은 전답을 지켜왔다.)

伝来

321. 伝来【名】【動】でんらい

祖先から代々、または、外国から伝わって来ること。
(そせん) (だいだい) (がいこく) (った) (く)

[先祖(せんぞ)ー]

＊例文

① 仏教は、中国、朝鮮半島を経て6世紀ごろ日本に伝
(ぶっきょう) (ちゅうごく) (ちょうせんはんとう) (へ) (せいき) (にほん) (でん)
来した。
(らい)

(불교는 중국, 조선 반도를 거쳐 6세기경 일본으로 전래되었
다.)

② 鉄砲伝来は1543年ポルトガル人によってなされ
(てっぽうでんらい) (ねん) (じん)
たと言われている。
(い)

(대포의 전래는 1543년 포르투카르인에 의해 전해졌다고 한
다.)

神話

322. 神話【名】しんわ

その氏族・部族・民族の神を中心にして、遠い昔の事実として伝えられた説話。

［ギリシアー・ー時代(じだい)］

＊例文

① ギリシア**神話**は世界中で読まれている。

(그리스 신화는 전 세계에서 읽혀지고 있다.)

② 日本の建国**神話**は『古事記』に詳しい。

(일본의 건국신화는 『고지키』에 자세히 기록되어 있다.)

古墳

323. 古墳【名】こふん

土を高く盛った古代の墓。

［ー時代(じだい)］

＊例文

① 慶州には新羅時代の**古墳**がたくさんある。

(경주에는 신라 시대의 고분이 많이 있다.)

② **古墳**発掘によって、新たな発見があった。

(고분 발굴로 새로운 발견이 있었다.)

天皇

324. 天皇【名】てんのう

日本の象徴としての君主。

［象徴(しょうちょう)ー・ー制(せい)］

* 例文

① 天皇と皇后は皇居に住んでいる。

(천황과 황후는 황궁에 살고 있다.)

② 天皇制の存在は日本人の思想に大きく影響している。

(천황제의 존재는 일본인의 사상에 큰 영향을 주고 있다.)

封建

325. 封建【名】ほうけん

天子・国王・皇帝などが領地を諸侯に分け与えて領有・統治させること。また、その制度。

［ー制(せい)・ー主義(しゅぎ)］

* 例文

① 封建時代は激しい身分制度が存在した。

(봉건시대는 엄격한 신분제도가 존재했다.)

② 女性に対して封建的な考え方を持っている男性も多い。

(여성에 대해 봉건적인 사고방식을 가지고 있는 남성도 많다.)

武士

326. 武士【名】ぶし

昔、百姓・商人の上の階級。武道によって主君に仕えた 侍 。

[一道(どう)]

* 例文

① 江戸時代、武士階級には多くの特権があった。

(에도 시대에 무사 계급에는 많은 특권이 있었다.)

② 武士道は自己の精神鍛練に禅を取り入れた。

(무사도는 자신의 정신단련에 선을 받아들였다.)

幕府

327. 幕府【名】ばくふ

武家時代に将軍が政務を執った所・機構。

[江戸(えど)一]

* 例文

① 1603年、徳川家康によって江戸幕府が開かれた。

(1603년, 도쿠가와 이에야스에 의해 에도 막부가 시작되었

다.)

② 江戸時代、佐渡島は幕府直轄地として金の採掘が

行われた。

(에도시대에 사도 섬은 막부 직할지로서 금채굴이 행해졌

다.)

鎖国

328. 鎖国【名】【動】さこく

外国(がいこく)との通商(つうしょう)や交通(こうつう)を禁止(きんし)すること。

[―令(れい)]

* 例文

① 日本(にほん)の**鎖国**(さこく)は1639年(ねん)から1853年(ねん)まで、二百余年(にひゃくよねん)つづ続いた。

(일본의 쇄국은 1639년부터 1853년까지 200여 년 계속되었다.)

② **鎖国**(さこく)時代(じだい)でも、オランダと中国(ちゅうごく)、朝鮮(ちょうせん)から海外(かいがい)の情報(じょうほう)は伝(つた)えられた。

(쇄국시대에도, 네덜란드와 중국, 조선에서 해외 정보는 전해졌다.)

資料

329. 資料【名】しりょう

研究(けんきゅう)・判断(はんだん)を行(おこな)う基礎(きそ)となる材料(ざいりょう)。

[参考(さんこう)―・―館(かん)]

* 例文

① 必要(ひつよう)な**資料**(しりょう)をそろえる。

(필요한 자료를 갖춘다.)

② **資料**(しりょう)を見(み)ながら結論(けつろん)を出(だ)す。

(자료를 보면서 결론을 낸다.)

330. 文献【名】ぶんけん

筆録または印刷されたもの。書物や文書。

［参考(さんこう)－・先行(せんこう)－］

＊例文

① 論文を書くときは**文献**に細かくあたることが必要だ。

(논문을 쓸 때는 문헌을 자세히 조사하는 것이 필요하다.)

② 参考**文献**の一覧を論文の最後に添付すること。

(참고문헌 일람을 논문의 마지막에 첨부할 것.)

12
教育/就活用語

教育

331. 教育【名】【動】きょういく

人の心身両面にわたって、また、ある技能について、その才能を
伸ばすために教えること。

[学校(がっこう)ー・ー基本法(きほんほう)]

* 例文

① 最近は家庭教育が問題視されている。
(최근에는 가정교육이 문제시되고 있다.)

② 北欧の教育水準の高さが注目されている。
(북유럽 교육 수준이 높은 것이 주목 받고 있다.)

教養

332. 教養【名】きょうよう

文化に関する広い知識を身につけることによって養われる心の
豊かさ・たしなみ。

[一般(いっぱん)ー・無(む)ー]

* 例文

① 礼儀正しく、教養のある人は尊敬されるものだ。
(예의 바르고 교양이 있는 사람은 존경받는 것이다.)

② 教養を高めるために、たくさんの本を読もう。
(교양을 높이기 위해 많은 책을 읽자.)

知識

333. 知識【名】ちしき

ある事柄について、いろいろと知ること。また、その知り得た内容。

[ー人(じん)・ー欲(よく)]

* 例文

① 知識を詰め込むだけの教育は問題だ。
(지식을 주입하는 것뿐인 교육은 문제다.)

② あの人は知識人としての見識がある。
(그 사람은 지식인으로서의 견식이 있다.)

発達

334. 発達【名】【動】はったつ

成長して、以前よりも大きく、強く、または、完全な段階になること。

[ー段階(だんかい)・ー障害(しょうがい)]

* 例文

① 乳幼児期は心身の発育・発達が著しい時期だ。
(유아기는 심신의 발육・발달이 두드러지는 시기다.)

② 昔に比べると交通機関の発達が目覚ましい。
(옛날과 비교하면 교통기관의 발달이 눈부시다.)

学習

335. 学習【名】【動】がくしゅう

習い学ぶこと。特に学校などで、系統的に勉強すること。

[―教材(きょうざい)・―塾(じゅく)]

＊ 例文

① 日本語学習に熱心に取り組んだ。

(일본어 학습에 열심히 노력했다.

② 小学校入学のお祝いに学習机を買ってもらった。

(초등학교 입학 축하로 책상을 선물 받았다.)

心理

336. 心理【名】しんり

心 の動き。意識の状態・変化。

[臨床(りんしょう)―・―戦(せん)]

＊ 例文

① 子どもの心理状態に寄り添うことが重要だ。

(어린이의 심리상태에 가까이 다가서는 것이 중요하다.)

② 群集心理に惑わされることこそ危険である。

(군중심리에 현혹되는 것이야말로 위험하다.)

人間

337. 人間【名】にんげん

<ruby>我々<rt>われわれ</rt></ruby>がそれであるところの<ruby>人<rt>ひと</rt></ruby>。

[ー関係(かんけい)・ー味(み)]

* 例文

① <ruby>社会<rt>しゃかい</rt></ruby>に<ruby>役<rt>やく</rt></ruby>に<ruby>立<rt>た</rt></ruby>つ<ruby>人間<rt>にんげん</rt></ruby>になりたい。

(사회에 도움이 되는 인간이 되고 싶다.)

② <ruby>彼<rt>かれ</rt></ruby>はよくできた<ruby>人間<rt>にんげん</rt></ruby>だ。

(그는 인격적으로 잘 형성된 사람이다.)

生涯

338. 生涯【名】しょうがい

その<ruby>人<rt>ひと</rt></ruby>が<ruby>生<rt>い</rt></ruby>きている<ruby>間<rt>あいだ</rt></ruby>。

[ー(いっ)ー・ー学習(がくしゅう)]

* 例文

① これからの<ruby>大学<rt>だいがく</rt></ruby>の<ruby>役割<rt>やくわり</rt></ruby>は<ruby>生涯教育<rt>しょうがいきょういく</rt></ruby>の<ruby>推進<rt>すいしん</rt></ruby>である。

(앞으로 대학의 역할은 평생교육 추진이다.)

② <ruby>学生<rt>がくせい</rt></ruby>の<ruby>時<rt>とき</rt></ruby>の<ruby>自転車旅行<rt>じてんしゃりょこう</rt></ruby>は<ruby>生涯<rt>しょうがい</rt></ruby>の<ruby>思<rt>おも</rt></ruby>い<ruby>出<rt>で</rt></ruby>になった。

(학생 시절 자전거 여행은 평생의 추억이 되었다.)

運動

339. 運動【名】【動】うんどう

位置を変えて動くこと。体を鍛え健康を保つために体を動かすこと。目的達成のために、いろいろな方面に働きかけて努力すること。

［－会(かい)・－神経(しんけい)］

＊例文

① 毎日、朝起きると、軽く**運動**する。
(매일 아침 일어나면 가볍게 운동한다.)

② 激しい選挙**運動**が繰り広げられた。
(격렬한 선거운동이 전개되었다.)

指導

340. 指導【名】【動】しどう

ある目的に向って教え導くこと。

［個人(こじん)－・－力(りょく)］

＊例文

① 有名なコーチの**指導**を受ける。
(유명한 코치의 지도를 받는다.)

② ぜひ、先生方の**指導**力を発揮していただきたい。
(꼭 선생님의 지도력을 발휘해 주셨으면 한다.)

341. 練習【名】【動】れんしゅう

技術や芸事などが上達するように同じ事を何度も繰り返して習
うこと。

[―問題(もんだい)・―不足(ぶそく)]

＊例文

① 何度も**練習**すれば、外国語も上達する。
(여러 번 연습하면 외국어도 능숙해진다.)

② **練習**不足のため、試合に負けてしまった。
(연습 부족 때문에 시합에 져버렸다.)

342. 評価【名】【動】ひょうか

物の価値や価格を論じて決めること。教育で児童・生徒の学習成
果について判定すること。

[自己(じこ)―・絶対(ぜったい)―・相対(そうたい)―]

＊例文

① あの先生は**評価**が甘いという評判だ。
(저 선생님은 평가가 후하다는 평판이다.)

② 外見で人を**評価**してはいけない。
(외모로 사람을 평가해서는 안 된다.)

学力

343. 学力【名】がくりょく

学習して得た知識と能力。特に、学校教育を通して身につけた能力。

[－検査(けんさ)・－テスト]

* 例文

① 文部科学省では、毎年、全国学力・学習調査を行っている。

(문부과학성에서는 매년 전국 학력·학습조사를 실시한다.)

② 大学生の基礎学力の低下が甚だしい。

(대학생의 기초학력 저하가 심각하다.)

成績

344. 成績【名】せいせき

その事をして得られた結果。特に、仕事や学業のできばえに対する評価内容。

[学業(がくぎょう)－・－表(ひょう)]

* 例文

① がんばった結果、予想以上に営業成績が上がった。

(분발한 결과, 예상 이상으로 영업 성적이 올랐다.)

② 今学期の成績はあまりよくなかった。

(이번 학기의 성적은 그다지 좋지 않았다.)

345. 受験【名】【動】じゅけん

試験を受けること。

［大学(だいがく)ー・ー地獄(じごく)］

＊ 例文

① 受験勉強に明け暮れる毎日だ。
(수험 공부에 몰두(올인)하는 매일이다.)

② 日本語能力試験N1を受験する。
(일본어 능력 시험 N1을 본다.)

就職

346. 就職【名】【動】しゅうしょく

新しく職につくこと。

[―戦線(せんせん)・―口(ぐち)]

＊例文

① 一流企業への就職を希望する。

(일류기업에 취직을 희망한다.)

② 知り合いの息子さんに就職口を世話した。

(지인의 아들에게 취직자리를 마련해 주었다.)

採用

347. 採用【名】【動】さいよう

適当な人材や意見・方法などを取り上げて用いること。

[臨時(りんじ)―・―試験(しけん)]

＊例文

① 私の意見が採用されて、新しい商品ができた。

(나의 의견이 채용되어, 새로운 상품이 만들어졌다.)

② 先月、社員に採用された。

(지난달 사원으로 채용되었다.)

志望

348. 志望【名】【動】しぼう

自分はこうなりたい、こうしたいと望むこと。また、その内容。

［一動機(どうき)・一校(こう)］

＊例文

① 志望動機を書くのが一番難しい。

(지원 동기를 쓰는 것이 가장 어렵다.)

② 国立大学が第一志望です。

(국립대학이 제1지망입니다.)

履歴

349. 履歴【名】りれき

その人が今までに経験してきた学業・職業・賞罰など。

［一書(しょ)］

＊例文

① 悪いことをすると履歴に傷がつく。

(나쁜 짓을 하면 이력에 흠이 간다.)

② 履歴書には学歴・職歴・資格などを書く。

(이력서에는 학력·경력·자격 등을 쓴다.)

経歴

350. 経歴【名】けいれき

今_{いま}まで経験_{けいけん}してきた仕事_{しごと}・身分_{みぶん}・地位_{ちい}・学業_{がくぎょう}などの事柄_{ことがら}。

［―詐称(さしょう)］

＊例文

① 履歴書_{りれきしょ}には詳_{くわ}しい経歴_{けいれき}を明記_{めいき}すること。
(이력서에는 자세한 경력을 명기할 것.)

② 由紀_{ゆうき}さんは、人_{ひと}も羨_{うらや}む輝_{かがや}かしい経歴_{けいれき}の持_もち主_{ぬし}だ。
(유키 씨는 사람들도 부러워하는 화려한 경력의 소유자이다.)

身上

351. 身上【名】しんじょう

一身_{いっしん}に関_{かん}すること。身_みの上_{うえ}。

［―書(しょ)・―調査(ちょうさ)］

＊例文

① 身上書_{しんじょうしょ}には趣味_{しゅみ}や特技_{とくぎ}、健康状態_{けんこうじょうたい}なども記入_{きにゅう}する。
(신상서에는 취미와 특기, 건강 상태 등을 기입한다.)

② 一身上_{いっしんじょう}の都合_{つごう}により、辞_やめさせていただきます。
(일신상의 사정으로 그만두겠습니다.)

資格

352. 資格【名】しかく

そのことを行ってもよいと 公 に認められる能力。

[ー証明書(しょうめいしょ)・ー試験(しけん)]

* 例文

① 調理師の**資格**を取った。
(조리사 자격을 땄다.)

② あなたに、そんなことを言う**資格**なんてない。
(당신에게 그런 말을 할 자격 따위 없다.)

免許

353. 免許【名】めんきょ

ある特定のことを 行 うのを官公庁が許すこと。師匠が弟子に奥義を伝授すること。

[運転(うんてん)ー・ー皆伝(かいでん)]

* 例文

① 教員**免許**を取得するためには、所定の単位が必要だ。
(교원 자격을 취득하기 위해서는 소정의 학점이 필요하다.)

② 裏千家茶道の師範の**免許**をいただき、家で教室を開いた。
(우라센케 다도 사범 면허를 받아 집에서 교실을 열었다.)

書類

354. 書類【名】しょるい

事務上の文書・書き付け。必要な事項を書き記したり、印刷したりしたもの。

[重要(じゅうよう)－・－審査(しんさ)]

＊例文

① これは重要書類なので、部外秘とする。

(이것은 중요 서류이기 때문에 대외 비밀로 한다.)

② 明日まで、会議に必要な書類を作成してください。

(내일까지 회의에 필요한 서류를 작성해 주세요.)

面接

355. 面接【名】【動】めんせつ

人柄を調べたり、能力を試したりするために、直接その人に会うこと。

[－試験(しけん)・－官(かん)]

＊例文

① 一次試験は筆記試験と集団面接である。

(1차 시험은 필기시험과 그룹면접이다.)

② 面接での受け答えが合否のポイントだ。

(면접에서의 문답이 합불의 포인트이다.)

適性

356. 適性【名】てきせい

性格や性質が、その物事に適していること。また、その性格や性質。

[－検査(けんさ)]

* 例文

① 教師としての適性に欠ける。

(교사로서의 적성이 부족하다.)

② 採用試験で適性検査を実施している会社が増えている。

(채용시험에서 적성검사를 실시하는 회사가 늘고 있다.)

人柄

357. 人柄【名】ひとがら

その人に備わっている性質や品格。

* 例文

① 人柄が良くて、申し分の無いお嬢様です。

(성품이 좋아 말할 필요도 없는 아가씨입니다.)

② 学歴や成績よりも、最終的には人柄を重視する会社が多い。

(학력이나 성적보다도 최종적으로는 인품을 중시하는 회사가 많다.)

縁故

358. 縁故【名】えんこ

血縁、姻戚などによるつながり。人と人との特別な関わり合い。

って。

[－採用(さいよう)]

* 例文

① この業界は縁故も実力のうちだ。

(이 업계는 커넥션도 실력이다.)

② 親の縁故に頼らないで、生きていく。

(부모 연줄에 기대지 않고 살아간다.)

内定

359. 内定【名】【動】ないてい

正式の発表の前に、内々で定まること。

[－通知(つうち)]

* 例文

① 次期監督はすでに内定している。

(다음 감독은 이미 내정되어 있다.)

② 早く内定をもらって、親を安心させたい。

(빨리 내정을 받아 부모님을 안심시키고 싶다.)

研修

360. 研修【名】【動】けんしゅう

職務上、必要とされる知識や技能を高めるために、ある期間、特別に勉強や実習をすること。また、そのために行われる講習。

[一期間(きかん)・一医(い)]

* 例文

① 入社後に、1ヶ月の**研修**を受けなければならない。

(입사 후에 1개월 연수를 받아야 한다.)

② 海外**研修**を通して、実地の訓練をすることができた。

(해외 연수를 통하여 현장 훈련을 할 수가 있었다.)

색인

本文単語

き

く

け

한눈에 익히는 초·중급 일본어 한자

초판 1쇄 발행일 2017년 8월 29일

지은이 최석완·하야시 도모코·임명수
펴낸이 박영희
편집 김영림
디자인 이재은
마케팅 김유미
인쇄·제본 태광인쇄
펴낸곳 도서출판 어문학사
　　　　서울특별시 도봉구 해등로 357 나너울카운티 1층
　　　　대표전화: 02-998-0094/편집부1: 02-998-2267, 편집부2: 02-998-2269
　　　　홈페이지: www.amhbook.com
　　　　트위터: @with_amhbook
　　　　페이스북: www.facebook.com/amhbook
　　　　블로그: 네이버 http://blog.naver.com/amhbook
　　　　　　　다음 http://blog.daum.net/amhbook
　　　　e-mail: am@amhbook.com
　　　　등록: 2004년 7월 26일 제2009-2호

ISBN 978-89-6184-448-2 13730
정가 13,000원

이 도서의 국립중앙도서관 출판예정도서목록(CIP)은 e-CIP홈페이지(http://www.nl.go.kr/ecip)와
국가자료공동목록시스템(http://www.nl.go.kr/kolisnet)에서 이용하실 수 있습니다.
(CIP제어번호: CIP2017021951)

※잘못 만들어진 책은 교환해 드립니다.